...ay ...
Mother ... you
strong and fill
your heart with
Her love and peac...

Swami Aseshanandi...
Jan 31, 1977

DEVI MAHATMYAM

(GLORY OF THE DIVINE MOTHER)

700 MANTRAS ON SRI DURGA

English Translation

By

SWAMI JAGADISWARANANDA

SRI RAMAKRISHNA MATH
MYLAPORE, MADRAS-600 004

Published by
The President
Sri Ramakrishna Math
Mylapore, Chennai-4

XV-3M 3C-11-2003
ISBN 81-7120-139-3

Printed in India at
Sri Ramakrishna Math Printing Press
Mylapore, Chennai-4

PUBLISHER'S NOTE

We have much pleasure in presenting to our readers the English translation of the Devī-māhātmya or Durgā-Saptaśatī, popularly known as Caṇḍī. The original text has been printed in Devanagarī type with running lucid English translation. Footnotes have been added wherever necessary.

This is a valuable and important addition to our Sanskrit Scriptures series. There has been a consistent demand from many a friend to publish the English translation of the above book. Svāmī Jagadīśvarānanda who had already rendered into Bengali different editions of Gītā and Caṇḍī, has kindly translated it into English which has been revised by Dr. V. Rāghavan, M.A., Ph.D., Head of the Department of Sanskrit, University of Madras, and thoroughly edited by Svāmī Ādidevānanda, Head of the Ramakrishna Ashrama, Mangalore. Our sincere thanks go to them.

The Caṇḍī is divided into 13 chapters and consists of 700 mantras and hence it is called the Saptaśatī. Three aspects of the Divine Mother have been depicted in the book and they are (1) Mahākālī (Chapter I), (2) Mahālakṣmī (Chapters II to IV) and (3) Mahāsarasvatī (Chapters V to XIII) and meditation on each of them has been added with English translation. The whole of the Devī-māhātmya is chanted on sacred occasions, especially during the Durgā-Pūjā (Navarātri).

For the sake of Pārāyaṇa (chanting the whole Māhātmya of the Devī) we have added Dhyāna (meditation on Caṇḍikā), Argalā-Stotra, Kīlaka-stotra and

Devī-Kavaca (all salutations to Caṇḍikā) in the beginning and Aparādha-Kṣamāpaṇa-Stotra (hymn for forgiveness for omissions and wrong reading) and Devī-sūkta at the end.

Those who intend to do the Pārāyaṇa are to chant the whole book from the beginning to the end.

This is our first attempt to publish separately the Devī-māhātmya with English translation. We pray to the Divine Mother to shower Her blessings on those who will read this Māhātmya with S'raddhā.

Sri Ramakrishna Math,
Madras–4
1st August, 1953.

PUBLISHER

PREFACE

Devi-māhātmya, otherwise called Durgāsaptaśatī or the Caṇḍī is a sacred text used by the Hindus for daily chanting like the Gītā. My Bengali rendering of the Devi-māhātmya, published by the Udbodhan Office of Calcutta has already undergone several editions. Its popularity in Bengali has encouraged me to undertake the present English translation whose want has been, for long, keenly felt by the English knowing public. This edition is meant for them.

I have freely utilised the translations of Manmathanath Dutta of Calcutta and F. E. Pargiter who have translated into English the whole of the Mārkaṇḍeya Purāṇa of which the thirteen cantos from LXXXI to XCIII form the Devī-māhātmya. Pargiter's translation was published in 1899 by the Royal Asiatic Society of Bengal, Calcutta. I have mainly followed Pargiter, but here and there I have differed from him, as well as from Dutta. A good Hindi rendering also has been consulted.

The translation made in this book is literal as far as practicable and I hope, will help the reader to understand the original Sanskrit. The hymns to the Devī in the cantos I, IV, V & XI are so sweet and sublime that they should, if possible, be chanted in the original. Footnotes are given from the commentaries to clarify difficult terms and proper names.

To call on God as Mother is a most characteristic feature of Hinduism. Sri Ramakrishna has shown in his life that to adore God in this way is best suited for this age. Mother-worshippers like Rāmaprasad, Kamalākānta and other also have inspired Bengal with this doctrine. Bengali Hindus are beside themselves with joy at the time of the autumnal festival of the Mother, when the Mother is worshipped for four days continuously in hundreds of earthen images. The Devī-māhātmya is chanted as part of the worship. Devī-cult and Devī-māhātmya are popular all over India, but their hold over Bengal is unique.

Through the English works and translations of the Tantrika Texts of Sir John Woodroffe and through the Life and Teachings of Sri Ramakrishna the doctrine of God as Mother has spread throughout the religious world. My humble efforts will be amply rewarded if this translation enables the English-knowing readers to understand and enjoy the work which is one of the most important texts of this cult.

SVĀMĪ JAGADĪS'VARĀNANDA

श्रीश्रीचण्डिकाध्यानम्

ॐ बन्धूककुसुमाभासां पञ्चमुण्डाधिवासिनीम् ।
स्फुरच्चन्द्रकलारत्नमुकुटां मुण्डमालिनीम् ॥
त्रिनेत्रां रक्तवसनां पीनोन्नतघटस्तनीम् ।
पुस्तकं चाक्षमालां च वरं चाभयकं क्रमात् ॥
दधतीं संस्मरेन्नित्यमुत्तराम्नायमानिताम् ।

अथवा

या चण्डी मधुकैटभादिदैत्यदलनी या माहिषोन्मूलिनी
या धूम्रेक्षणचण्डमुण्डमथनी या रक्तबीजाशनी ।
शक्तिः शुम्भनिशुम्भदैत्यदलनी या सिद्धिदात्री परा
सा देवी नवकोटिमूर्तिसहिता मां पातु विश्वेश्वरी ॥

अथ अर्गलास्तोत्रम्

ॐ नमश्चण्डिकायै

मार्कण्डेय उवाच ।

ॐ जय त्वं देवि चामुण्डे जय भूतापहारिणि ।
जय सर्वगते देवि कालरात्रि नमोऽस्तु ते ॥ १ ॥

जयन्ती मङ्गला काली भद्रकाली कपालिनी ।
दुर्गा शिवा क्षमा धात्री स्वाहा स्वधा नमोऽस्तु ते ॥२॥

मधुकैटभविध्वंसि विधातृवरदे नमः ।
रूपं देहि जयं देहि यशो देहि द्विषो जहि ॥ ३ ॥

महिषासुरनिर्नाशि भक्तानां सुखदे नमः ।
रूपं देहि जयं देहि यशो देहि द्विषो जहि ॥ ४ ॥

धूम्रनेत्रवधे देवि धर्मकामार्थदायिनि ।
रूपं देहि जयं देहि यशो देहि द्विषो जहि ॥ ५ ॥

रक्तबीजवधे देवि चण्डमुण्डविनाशिनि ।
रूपं देहि जयं देहि यशो देहि द्विषो जहि ॥ ६ ॥

निशुम्भशुम्भनिर्नाशि त्रैलोक्यशुभदे नमः ।
रूपं देहि जयं देहि यशो देहि द्विषो जहि ॥ ७ ॥

वन्दिताङ्घ्रियुगे देवि सर्वसौभाग्यदायिनि ।
रूपं देहि जयं देहि यशो देहि द्विषो जहि ॥ ८ ॥

अचिन्त्यरूपचरिते सर्वशत्रुविनाशिनि ।
रूपं देहि जयं देहि यशो देहि द्विषो जहि ॥ ९ ॥

नतेभ्यः सर्वदा भक्त्या चापर्णे दुरितापहे ।
रूपं देहि जयं देहि यशो देहि द्विषो जहि ॥ १० ॥

स्तुवद्भ्यो भक्तिपूर्वं त्वां चण्डिके व्याधिनाशिनि ।
रूपं देहि जयं देहि यशो देहि द्विषो जहि ॥ ११ ॥

चण्डिके सततं युद्धे जयन्ति पापनाशिनि ।
रूपं देहि जयं देहि यशो देहि द्विषो जहि ॥ १२ ॥

देहि सौभाग्यमारोग्यं देहि देवि परं सुखम् ।
रूपं देहि जयं देहि यशो देहि द्विषो जहि ॥ १३ ॥

विधेहि देवि कल्याणं विधेहि विपुलां श्रियम् ।
रूपं देहि जयं देहि यशो देहि द्विषो जहि ॥ १४ ॥

विधेहि द्विषतां नाशं विधेहि बलमुच्चकैः ।
रूपं देहि जयं देहि यशो देहि द्विषो जहि ॥ १५ ॥

सुरासुरशिरोरत्ननिघृष्टचरणेऽम्बिके ।
रूपं देहि जयं देहि यशो देहि द्विषो जहि ॥ १६ ॥

विद्यावन्तं यशस्वन्तं लक्ष्मीवन्तञ्च मां कुरु ।
रूपं देहि जयं देहि यशो देहि द्विषो जहि ॥ १७ ॥

देवि प्रचण्डदोर्दण्डदैत्यदर्पनिषूदिनि ।
रूपं देहि जयं देहि यशो देहि द्विषो जहि ॥ १८ ॥
प्रचण्डदैत्यदर्पघ्ने चण्डिके प्रणताय मे ।
रूपं देहि जयं देहि यशो देहि द्विषो जहि ॥ १९ ॥
चतुर्भुजे चतुर्वक्त्रसंस्तुते परमेश्वरि ।
रूपं देहि जयं देहि यशो देहि द्विषो जहि ॥ २० ॥
कृष्णेन संस्तुते देवि शश्वद्भक्त्या सदाम्बिके ।
रूपं देहि जयं देहि यशो देहि द्विषो जहि ॥ २१ ॥
हिमाचलसुतानाथसंस्तुते परमेश्वरि ।
रूपं देहि जयं देहि यशो देहि द्विषो जहि ॥ २२ ॥
इन्द्राणीपतिसद्भावपूजिते परमेश्वरि ।
रूपं देहि जयं देहि यशो देहि द्विषो जहि ॥ २३ ॥
देवि भक्तजनोद्दामदत्तानन्दोदयेऽम्बिके ।
रूपं देहि जयं देहि यशो देहि द्विषो जहि ॥ २४ ॥
भार्यां मनोरमां देहि मनोवृत्तानुसारिणीम् ।
रूपं देहि जयं देहि यशो देहि द्विषो जहि ॥ २५ ॥
तारिणि दुर्गसंसारसागरस्याचलोद्भवे ।
रूपं देहि जयं देहि यशो देहि द्विषो जहि ॥ २६ ॥
इदं स्तोत्रं पठित्वा तु महास्तोत्रं पठेन्नरः ।
सप्तशतीं समाराध्य वरमाप्नोति दुर्लभम् ॥ २७ ॥

इति श्रीमार्कण्डेयपुराणे अर्गलास्तोत्रं समाप्तम् ।

अथ कीलकस्तोत्रम्

ॐ नमश्चण्डिकायै

मार्कण्डेय उवाच ।

ॐ विशुद्धज्ञानदेहाय त्रिवेदीदिव्यचक्षुषे ।
श्रेयःप्राप्तिनिमित्ताय नमः सोमार्धधारिणे ॥ १ ॥

सर्वमेतद्विजानीयान्मन्त्राणामपि कीलकम् ।
सोऽपि क्षेममवाप्नोति सततं जप्यतत्परः ॥ २ ॥

सिद्ध्यन्त्युच्चाटनादीनि कर्माणि सकलान्यपि ।
एतेन स्तुवतां देवीं स्तोत्रवृन्देन भक्तितः ॥ ३ ॥

न मन्त्रो नौषधं तस्य न किञ्चिदपि विद्यते ।
विना जप्येन सिद्ध्येत्तु सर्वमुच्चाटनादिकम् ॥ ४ ॥

समग्राण्यपि सेत्स्यन्ति लोकशङ्कामिमां हरः ।
कृत्वा निमन्त्रयामास सर्वमेवमिदं शुभम् ॥ ५ ॥

स्तोत्रं वै चण्डिकायास्तु तच्च गुह्यं चकार सः ।
समाप्नोति स पुण्येन तां यथावन्निमन्त्रणाम् ॥ ६ ॥

सोऽपि क्षेममवाप्नोति सर्वमेव न संशयः ।
कृष्णायां वा चतुर्दश्यामष्टम्यां वा समाहितः ॥ ७ ॥

ददाति प्रतिगृह्णाति नान्यथैषा प्रसीदति ।
इत्थं रूपेण कीलेन महादेवेन कीलितम् ॥ ८ ॥

यो निष्कीलां विधायैनां चण्डीं जपति नित्यशः ।
स सिद्धः स गणः सोऽथ गन्धर्वो जायते ध्रुवम् ॥ ९ ॥

न चैवापाटवं तस्य भयं क्वापि न जायते ।
नापमृत्युवशं याति मृते च मोक्षमाप्नुयात् ॥ १० ॥

ज्ञात्वा प्रारभ्य कुर्वीत ह्यकुर्वाणो विनश्यति ।
ततो ज्ञात्वैव सम्पूर्णमिदं प्रारभ्यते बुधैः ॥ ११ ॥

सौभाग्यादि च यत्किञ्चिद् दृश्यते ललनाजने ।
तत्सर्वं तत्प्रसादेन तेन जप्यमिदं शुभम् ॥ १२ ॥

शनैस्तु जप्यमानेऽस्मिन् स्तोत्रे सम्पत्तिरुच्चकैः ।
भवत्येव समग्रापि ततः प्रारभ्यमेव तत् ॥ १३ ॥

ऐश्वर्यं तत्प्रसादेन सौभाग्यारोग्यमेव च ।
शत्रुहानिः परो मोक्षः स्तूयते सा न किं जनैः ॥ १४ ॥

चण्डिकां हृदयेनापि यः स्मरेत् सततं नरः ।
हृद्यं काममवाप्नोति हृदि देवी सदा वसेत् ॥ १५ ॥

अग्रतोऽमुं महादेवकृतं कीलकवारणम् ।
निष्कीलञ्च तथा कृत्वा पठितव्यं समाहितैः ॥ १६ ॥

इति श्रीभगवत्याः कीलकस्तोत्रं समाप्तम् ।

अथ देवीकवचम्

ॐ नमश्चण्डिकायै

मार्कण्डेय उवाच ।

ॐ यद्गुह्यं परमं लोके सर्वरक्षाकरं नृणाम् ।
यन्न कस्यचिदाख्यातं तन्मे ब्रूहि पितामह ॥ १ ॥

ब्रह्मोवाच ।

अस्ति गुह्यतमं विप्र सर्वभूतोपकारकम् ।
देव्यास्तु कवचं पुण्यं तच्छृणुष्व महामुने ॥ २ ॥

प्रथमं शैलपुत्रीति द्वितीयं ब्रह्मचारिणी ।
तृतीयं चन्द्रघण्टेति कूष्माण्डेति चतुर्थकम् ॥ ३ ॥

पञ्चमं स्कन्दमातेति षष्ठं कात्यायनी तथा ।
सप्तमं कालरात्रिश्च महागौरीति चाष्टमम् ॥ ४ ॥

नवमं सिद्धिदात्री च नवदुर्गाः प्रकीर्तिताः ।
उक्तान्येतानि नामानि ब्रह्मणैव महात्मना ॥ ५ ॥

अग्निना दह्यमानास्तु शत्रुमध्यगता रणे ।
विषमे दुर्गमे चैव भयार्ताः शरणं गताः ॥ ६ ॥

न तेषां जायते किञ्चिदशुभं रणसङ्कटे ।
आपदं न च पश्यन्ति शोकदुःखभयङ्करीम् ॥ ७ ॥

यैस्तु भक्त्या स्मृता नित्यं तेषां वृद्धिः प्रजायते ।
ये त्वां स्मरन्ति देवेशि रक्षसि तान्न संशयः ॥ ८ ॥

प्रेतसंस्था तु चामुण्डा वाराही महिषासना ।
ऐन्द्री गजसमारूढा वैष्णवी गरुडासना ॥ ९ ॥

नारसिंही महावीर्या शिवदूती महाबला ।
माहेश्वरी वृषारूढा कौमारी शिखिवाहना ॥ १० ॥

लक्ष्मीः पद्मासना देवी पद्महस्ता हरिप्रिया ।
श्वेतरूपधरा देवी ईश्वरी वृषवाहना ॥ ११ ॥

ब्राह्मी हंससमारूढा सर्वाभरणभूषिता ।
इत्येता मातरः सर्वाः सर्वयोगसमन्विताः ॥ १२ ॥

नानाभरणशोभाढ्या नानारत्नोपशोभिताः ।
श्रेष्ठैश्च मौक्तिकैः सर्वा दिव्यहारप्रलम्बिभिः ॥ १३ ॥

इन्द्रनीलैर्महानीलैः पद्मरागैः सुशोभनैः ।
दृश्यन्ते रथमारूढा देव्यः क्रोधसमाकुलाः ॥ १४ ॥

शङ्खं चक्रं गदां शक्तिं हलं च मुसलायुधम् ।
खेटकं तोमरं चैव परशुं पाशमेव च ॥ १५ ॥

कुन्तायुधं त्रिशूलं च शार्ङ्गमायुधमुत्तमम् ।
दैत्यानां देहनाशाय भक्तानामभयाय च ॥ १६ ॥

धारयन्त्यायुधानीत्थं देवानां च हिताय वै ।
नमस्तेऽस्तु महारौद्रे महाघोरपराक्रमे ॥ १७ ॥

महाबले महोत्साहे महाभयविनाशिनि ।
त्राहि मां देवि दुष्प्रेक्ष्ये शत्रूणां भयवर्धिनि ॥ १८ ॥

प्राच्यां रक्षतु मामैन्द्री आग्नेय्यामग्निदेवता ।
दक्षिणेऽवतु वाराही नैर्ऋत्यां खड्गधारिणी ॥ १९ ॥

प्रतीच्यां वारुणी रक्षेद्वायव्यां मृगवाहिनी ।
उदीच्यां पातु कौबेरी ईशान्यां शूलधारिणी ॥ २० ॥

ऊर्ध्वं ब्रह्माणी मे रक्षेदधस्ताद्वैष्णवी तथा ।
एवं दश दिशो रक्षेच्चामुण्डा शववाहना ॥ २१ ॥

जया मामग्रतः पातु विजया पातु पृष्ठतः ।
अजिता वामपार्श्वे तु दक्षिणे चापराजिता ॥ २२ ॥

शिखां मे द्योतिनी रक्षेदुमा मूर्ध्नि व्यवस्थिता ।
मालाधरी ललाटे च भ्रुवौ रक्षेद्यशस्विनी ॥ २३ ॥

नेत्रयोश्चित्रनेत्रा च यमघण्टा तु पार्श्वके ।
त्रिनेत्रा च त्रिशूलेन भ्रुवोर्मध्ये च चण्डिका ॥ २४ ॥

शङ्खिनी चक्षुषोर्मध्ये श्रोत्रयोर्द्वारवासिनी ।
कपोलौ कालिका रक्षेत् कर्णमूले तु शङ्करी ॥ २५ ॥

नासिकायां सुगन्धा च उत्तरोष्ठे च चर्चिका ।
अधरे चामृताबाला जिह्वायां च सरस्वती ॥ २६ ॥

दन्तान् रक्षतु कौमारी कण्ठदेशे तु चण्डिका ।
घण्टिकां चित्रघण्टा च महामाया च तालुके ॥ २७ ॥

कामाक्षी चिबुकं रक्षेद्वाचं मे सर्वमङ्गला ।
ग्रीवायां भद्रकाली च पृष्ठवंशे धनुर्धरी ॥ २८ ॥

नीलग्रीवा बहिः कण्ठे नलिकां नलकूबरी ।
स्कन्धयोः खड्गिनी रक्षेद् बाहू मे वज्रधारिणी ॥ २९ ॥

हस्तयोर्दण्डिनी रक्षेदम्बिका चाङ्गुलीषु च ।
नखाञ्छूलेश्वरी रक्षेत् कुक्षौ रक्षेन्नरेश्वरी ॥ ३० ॥

स्तनौ रक्षेन्महादेवी मनःशोकविनाशिनी ।
हृदये ललिता देवी उदरे शूलधारिणी ॥ ३१ ॥

नाभौ च कामिनी रक्षेद् गुह्यं गुह्येश्वरी तथा ।
मेढ्रं रक्षतु दुर्गन्धा पायुं मे गुह्यवाहिनी ॥ ३२ ॥

कट्यां भगवती रक्षेदूरू मे मेघवाहना ।
जङ्घे महाबला रक्षेत् जानू माधवनायिका ॥ ३३ ॥

गुल्फयोर्नारसिंही च पादपृष्ठे तु कौशिकी ।
पादाङ्गुलीः श्रीधरी च तलं पातालवासिनी ॥ ३४ ॥

नखान् दंष्ट्रकराली च केशांश्चैवोर्ध्वकेशिनी ।
रोमकूपेषु कौमारी त्वचं योगीश्वरी तथा ॥ ३५ ॥

रक्तमज्जावसामांसान्यस्थिमेदांसि पार्वती ।
अन्त्राणि कालरात्रिश्च पित्तं च मुकुटेश्वरी ॥ ३६ ॥

पद्मावती पद्मकोशे कफे चूडामणिस्तथा ।
ज्वालामुखी नखज्वालामभेद्या सर्वसन्धिषु ॥ ३७ ॥

शुक्रं ब्रह्माणी मे रक्षेच्छायां छत्रेश्वरी तथा ।
अहङ्कारं मनो बुद्धिं रक्षेन्मे धर्मधारिणी ॥ ३८ ॥

प्राणापानौ तथा व्यानमुदानं च समानकम् ।
वज्रहस्ता च मे रक्षेत् प्राणान् कल्याणशोभना ॥ ३९ ॥

रसे रूपे च गन्धे च शब्दे स्पर्शे च योगिनी ।
सत्त्वं रजस्तमश्चैव रक्षेन्नारायणी सदा ॥ ४० ॥

आयू रक्षतु वाराही धर्मं रक्षतु पार्वती ।
यशः कीर्तिं च लक्ष्मीं च सदा रक्षतु वैष्णवी ॥ ४१ ॥

गोत्रमिन्द्राणी मे रक्षेत् पशून् रक्षेच्च चण्डिका ।
पुत्रान् रक्षेन्महालक्ष्मीर्भार्यां रक्षतु भैरवी ॥ ४२ ॥

धनेश्वरी धनं रक्षेत् कौमारी कन्यकां तथा ।
पन्थानं सुपथा रक्षेन्मार्गं क्षेमङ्करी तथा ॥ ४३ ॥

राजद्वारे महालक्ष्मीर्विजया सतत स्थिता ।
रक्षाहीनं तु यत् स्थानं वर्जितं कवचेन तु ॥ ४४ ॥

तत्सर्वं रक्ष मे देवि जयन्ती पापनाशिनी ।
सर्वरक्षाकरं पुण्यं कवचं सर्वदा जपेत् ॥ ४५ ॥

इदं रहस्यं विप्रर्षे भक्त्या तव मयोदितम् ।
पादमेकं न गच्छेत् तु यदीच्छेच्छुभमात्मनः ॥ ४६ ॥

कवचेनावृतो नित्यं यत्र यत्रैव गच्छति ।
तत्र तत्रार्थलाभश्च विजयः सार्वकालिकः ॥ ४७ ॥

यं यं च्चिन्तयते कामं तं तं प्राप्नोति निश्चितम् ।
परमैश्वर्यमतुलं प्राप्स्यते भूतले पुमान् ॥ ४८ ॥

निर्भयो जायते मर्त्यः सङ्ग्रामेष्वपराजितः ।
त्रैलोक्ये तु भवेत्पूज्यः कवचेनावृतः पुमान् ॥ ४९ ॥

इदं तु देव्याः कवचं देवानामपि दुर्लभम् ।
यः पठेत्प्रयतो नित्यं त्रिसन्ध्यं श्रद्धयान्वितः ॥ ५० ॥

दैवीकला भवेत्तस्य त्रैलोक्ये चापराजितः ।
जीवेद्वर्षशतं साग्रमपमृत्युविवर्जितः ॥ ५१ ॥

नश्यन्ति व्याधयः सर्वे लूताविस्फोटकादयः ।
स्थावरं जङ्गमं चैव कृत्रिमं चैव यद्विषम् ॥ ५२ ॥

अभिचाराणि सर्वाणि मन्त्रयन्त्राणि भूतले ।
भूचराः खेचराश्चैव कुलजाश्चौपदेशिकाः ॥ ५३ ॥

सहजा कुलजा माला डाकिनी शाकिनी तथा ।
अन्तरिक्षचरा घोरा डाकिन्यश्च महारवाः ॥ ५४ ॥

ग्रहभूतपिशाचाश्च यक्षगन्धर्वराक्षसाः ।
ब्रह्मराक्षसवेतालाः कूष्माण्डा भैरवादयः ॥ ५५ ॥

नश्यन्ति दर्शनात्तस्य कवचेनावृतो हि यः ।
मानोन्नतिर्भवेद्राज्ञस्तेजोवृद्धिः परा भवेत् ॥ ५६ ॥

यशोवृद्धिर्भवेत् पुंसां कीर्तिवृद्धिश्च जायते ।
तस्मात् जपेत् सदा भक्तः कवचं कामदं मुने ॥ ५७ ॥

जपेत् सप्तशतीं चण्डीं कृत्वा तु कवचं पुरा ।
निर्विघ्नेन भवेत् सिद्धिश्चण्डीजपसमुद्भवा ॥ ५८ ॥

यावद्भूमण्डलं धत्ते सशैलवनकाननम् ।
तावत्तिष्ठति मेदिन्यां सन्ततिः पुत्रपौत्रिकी ॥ ५९ ॥

देहान्ते परमं स्थानं सुरैरपि सुदुर्लभम् ।
प्राप्नोति पुरुषो नित्यं महामायाप्रसादतः ॥ ६० ॥

तत्र गच्छति गत्वासौ पुनश्चागमनं नहि ।
लभने परमं स्थानं शिवेन समतां व्रजेत् ॥ ६१ ॥

इति श्रीमार्कण्डेयपुराणे हरिहरब्रह्मविरचितं
देवीकवचं समाप्तम् ।

देवीमाहात्म्यम्

(श्रीदुर्गासप्तशती)

THE DEVĪ-MĀHĀTMYAM

(700 ŚLOKAS ON ŚRĪ DURGĀ)

अथ प्रथमचरित्रम्

महाकालीध्यानम्

ॐ खड्गं चक्रगदेषुचापपरिघान् शूलं भुशुण्डीं शिरः
शङ्खं सन्दधतीं करैस्त्रिनयनां सर्वाङ्गभूषावृताम् ।
यां हन्तुं मधुकैटभौ जलजभूस्तुष्टाव सुप्ते हरौ
नीलाश्मद्युतिमास्यपाददशकां सेवे महाकालिकाम् ॥

MEDITATION OF MAHĀKĀLĪ

I resort to Mahākālī, who has ten faces, ten legs and holds in her hands the sword, disc, mace, arrows, bow, club, spear, missile, human head and conch, who is three-eyed, adorned with ornaments on all her limbs, and luminous like a blue jewel, and whom Brahma extolled in order to destroy Madhu and Kaiṭabha, when Viṣṇu was in (mystic) sleep.

ॐ नमश्चण्डिकायै

ॐ ऐं मार्कण्डेय उवाच ॥ १ ॥

सावर्णिः सूर्यतनयो यो मनुः कथ्यतेऽष्टमः ।
निशामय तदुत्पत्तिं विस्तराद्गदतो मम ॥ २ ॥

महामायानुभावेन यथा मन्वन्तराधिपः ।
स बभूव महाभागः सावर्णिस्तनयो रवेः ॥ ३ ॥

1-3. Mārkaṇḍeya said (to his disciple Krasuṣṭuki Bhāguri): Sāvarṇi[1], son of Sūrya, is called the eighth Manu[2]. Listen, while I describe in detail about his birth, how Sāvarṇi, illustrious son of Sūrya, became the lord of the (eighth) Manvantara by the grace of Mahāmāyā[3].

---

1. Sāvarni was so called because he was the son of Savarnā, Sūrya's wife. He became King Suratha in the second (Svārociṣa) manvantara.

2. One cycle of creation is divided into fourteen manvantaras. The period ruled over by one Manu is called a Manvantara. There are, therefore, fourteen Manus as follows: Svāyambhuva, Svarociṣa, Uttama, Tāmasa, Raivata, Cākṣuṣa, Vaivasvata, Sāvarni, Daksha-sāvarni, Brahma-sāvarni, Dharma-sāvarni, Rudra-sāvarni, Deva-sāvarni, and Indra-sāvarni.

3. One of the names of the Divine Mother.

स्वारोचिषेऽन्तरे पूर्वं चैत्रवंशसमुद्भवः ।
सुरथो नाम राजाभूत्समस्ते क्षितिमण्डले ॥ ४ ॥

तस्य पालयतः सम्यक् प्रजाः पुत्रानिवौरसान् ।
बभूवुः शत्रवो भूपाः कोलाविध्वंसिनस्तदा ॥ ५ ॥

तस्य तैरभवद्युद्धमतिप्रबलदण्डिनः ।
न्यूनैरपि स तैर्युद्धे कोलाविध्वंसिभिर्जितः ॥ ६ ॥

ततः स्वपुरमायातो निजदेशाधिपोऽभवत् ।
आक्रान्तः स महाभागस्तैस्तदा प्रबलारिभिः ॥ ७ ॥

4-5. In former times there was a king named Suratha, born of the Caitra[4] dynasty, ruling over the whole world in the period of Svarocişa. He protected his subjects duly like his own children. At that time the kings, who were the destroyers of the Kolās[5], became his enemies.

6-7. He, the wielder of powerful weapons, fought a battle with the destroyers of Kolās, but was defeated by them though they were a small force. Then he returned to his own city, and ruled over his own country. Then that illustrious king was attacked by those powerful enemies.

---

4. Caitra is said to be the first son of Svarocişa.

5. The word Kolāvidhvamsinah is variously explained by the commentators. Pargiter explains the word "enemies in alliance with Kolās. Kolās may refer to the aborginal race of Kolās, whose descendents are even now living in some parts of India."

अमात्यैर्बलिभिर्दुष्टैर्दुर्बलस्य दुरात्मभिः ।
कोशो बलं चापहृतं तत्रापि स्वपुरे ततः ॥ ८ ॥

ततो मृगयाव्याजेन हृतस्वाम्यः स भूपतिः ।
एकाकी हयमारुह्य जगाम गहनं वनम् ॥ ९ ॥

स तत्राश्रममद्राक्षीद्द्विजवर्यस्य मेधसः ।
प्रशान्तः श्वापदाकीर्णं मुनिशिष्योपशोभितम् ॥ १० ॥
तस्थौ कञ्चित्स कालं च मुनिना तेन सत्कृतः ।
इतश्चेतश्च विचरंस्तस्मिन् मुनिवराश्रमे ॥ ११ ॥

सोऽचिन्तयत्तदा तत्र ममत्वाकृष्टमानसः ॥ १२ ॥

8-9. Even in his own city, the king, (now) bereft of strength, was robbed of his treasury and army by his own powerful, vicious and evil-disposed ministers. Thereafter, deprived of his sovereignty, the king left alone on horse-back for a dense forest, under the pretext of hunting.

10-11. He saw there the hermitage of Medhas—the supreme among the twice-born—inhabited by wild animals which were peaceful, and graced by the disciples of the sage. Entertained by the sage, Suratha spent some time moving about in the hermitage of the great sage.

12-16. There then overcome with attachment, he fell into the thought, 'I do not know whether the

मत्पूर्वैः पालितं पूर्वं मया हीनं पुरं हि तत् ।
मद्भृत्यैस्तैरसद्वृत्तैर्धर्मतः पाल्यते न वा ॥ १३ ॥

न जाने स प्रधानो मे शूरो हस्ती सदामदः ।
मम वैरिवशं यातः कान् भोगानुपलप्स्यते ॥ १४ ॥
ये ममानुगता नित्यं प्रसादधनभोजनैः ।
अनुवृत्तिं ध्रुवं तेऽद्य कुर्वन्त्यन्यमहीभृताम् ॥ १५ ॥
असम्यग्व्ययशीलैस्तैः कुर्वद्भिः सततं व्ययम् ।
सञ्चितः सोऽतिदुःखेन क्षयं कोशो गमिष्यति ॥ १६ ॥
एतच्चान्यच्च सततं चिन्तयामास पार्थिवः ।
तत्र विप्राश्रमाभ्याशे वैश्यमेकं ददर्श सः ॥ १७ ॥

---

capital (which was) well guarded by my ancestors and recently deserted by me is being guarded righteously or not by my servants of evil conduct. I do not know what enjoyments my chief elephant, heroic and always elated, and now fallen into the hands of my foes, will get. Those who were my constant followers and received favour, riches and food from me, now certainly pay homage to other kings. The treasure which I gathered with great care will be squandered by those constant spendthrifts, who are addicted to improper expenditures.'

17-19. The king was continually thinking of these and other things. Near the hermitage of the Brāhmaṇa he saw a merchant, and asked him: 'Ho! Who are you? What is the reason for your coming

स पृष्टस्तेन कस्त्वं भो हेतुश्चागमनेऽत्र कः ।
सशोक इव कस्मात्त्वं दुर्मना इव लक्ष्यसे ॥ १८ ॥

इत्याकर्ण्य वचस्तस्य भूपतेः प्रणयोदितम् ।
प्रत्युवाच स तं वैश्यः प्रश्रयावनतो नृपम् ॥ १९ ॥

वैश्य उवाच ॥ २० ॥

समाधिर्नाम वैश्योऽहमुत्पन्नो धनिनां कुले ।
पुत्रदारैर्निरस्तश्च धनलोभादसाधुभिः ॥ २१ ॥

विहीनश्च धनैर्दारैः पुत्रैरादाय मे धनम् ।
वनमभ्यागतो दुःखी निरस्तश्चाप्तबन्धुभिः ॥ २२ ॥

---

here? Wherefore do you appear as if afflicted with grief and depressed in mind?' Hearing this speech of the king, uttered in a friendly spirit, the merchant bowed respectfully and replied to the king.

20-25. The merchant said: 'I am a merchant named Samādhi, born in a wealthy family. I have been cast out by my sons and wife, who are wicked through greed of wealth. My wife and sons have misappropriated my riches, and made me devoid of wealth. Cast out by my trusted kinsmen, I have come to the forest grief-stricken. Dwelling here, I do not know anything as regards good or bad of my sons, kinsmen and wife. At present is welfare or ill-luck

सोऽहं न वेद्मि पुत्राणां कुशलाकुशलात्मिकाम् ।
प्रवृत्तिं स्वजनानां च दाराणां चात्र संस्थितः ॥ २३ ॥
किं नु तेषां गृहे क्षेममक्षेमं किं नु साम्प्रतम् ॥ २४ ॥
कथं ते किं नु सद्वृत्ता दुर्वृत्ताः किं नु मे सुताः ॥ २५ ॥

राजोवाच ॥ २६ ॥

यैर्निरस्तो भवाँल्लुब्धैः पुत्रदारादिभिर्धनैः ॥ २७ ॥
तेषु किं भवतः स्नेहमनुबध्नाति मानसम् ॥ २८ ॥

वैश्य उवाच ॥ २९ ॥

एवमेतद्यथा प्राह भवानस्मद्गतं वचः ।
किं करोमि न बध्नाति मम निष्ठुरतां मनः ॥ ३० ॥
यैः सन्त्यज्य पितृस्नेहं धनलुब्धैर्निराकृतः ।
पतिः स्वजनहार्दं च हार्दितेष्वेव मे मनः ॥ ३१ ॥

---

theirs at home ? How are they ? Are my sons living good or evil lives ?'

26-28. The king said : 'Why is your mind affectionately attached to those covetous folk, your sons, wife and others, who have deprived you of your wealth ?'

29-34. The merchant said : 'This very thought has occured to me, just as you have uttered it. What can I do ? My mind does not become hard ; it bears

किमेतन्नाभिजानामि जानन्नपि महामते ।
यत्प्रेमप्रवणं चित्तं विगुणेष्वपि बन्धुषु ॥ ३२ ॥

तेषां कृते मे निःश्वासो दौर्मनस्यं च जायते ॥ ३३ ॥

करोमि किं यन्न मनस्तेष्वप्रीतिषु निष्ठुरम् ॥ ३४ ॥

मार्कण्डेय उवाच ॥ ३५ ॥

ततस्तौ सहितौ विप्र तं मुनिं समुपस्थितौ ॥ ३६ ॥

समाधिर्नाम वैश्योऽसौ स च पार्थिवसत्तमः ॥ ३७ ॥

कृत्वा तु तौ यथान्यायं यथार्हं तेन संविदम् ।
उपविष्टौ कथाः काश्चिच्चक्रतुर्वैश्यपार्थिवौ ॥ ३८ ॥

---

deep affection to those very persons who have driven me out in their greed for wealth, abandoning love for a father and attachment to one's master and kinsmen. I do not comprehend although, I know it, O noble-hearted king, how it is that the mind is prone to love even towards worthless kinsmen. On account of them I heave heavy sighs and feel dejected. What can I do since my mind does not become hard towards those unloving ones?

35-38. Mārkaṇḍeya said: Then O Brāhmaṇa, the merchant Samādhi and the noble king together approached the sage (Medhas); and after observing the

राजोवाच ॥ ३९ ॥

भगवंस्त्वामहं प्रष्टुमिच्छाम्येकं वदस्व तत् ॥ ४० ॥

दुःखाय यन्मे मनसः स्वचित्तायत्ततां विना ॥ ४१ ॥

ममत्वं गतराज्यस्य राज्याङ्गेष्वखिलेष्वपि ।
जानतोऽपि यथाज्ञस्य किमेतन्मुनिसत्तम ॥ ४२ ॥

अयं च निकृतः पुत्रैर्दारैर्भृत्यैस्तथोज्झितः ।
स्वजनेन च सन्त्यक्तस्तेषु हार्दी तथाप्यति ॥ ४३ ॥

एवमेष तथाहं च द्वावप्यत्यन्तदुःखितौ ।
दृष्टदोषेऽपि विषये ममत्वाकृष्टमानसौ ॥ ४४ ॥

---

etiquette worthy of him and as was proper, they sat down and conversed (with him) on some topics.

39-45. The king said: 'Sir, I wish to ask you one thing. Be pleased to reply to it. Without the control of my intellect, my mind is afflicted with sorrow. Though I have lost the kingdom, like an ignorant man—though I know it—I have an attachment to all the paraphernalia of my kingdom. How is this, O best of sages? And this merchant has been disowned by his children, wife and servants, and forsaken by his own people; still he is inordinately affectionate towards them. Thus both he and I, drawn by attachment towards objects whose defects we do know, are

तत्केनैतन्महाभाग यन्मोहो ज्ञानिनोरपि ।
ममास्य च भवत्येषा विवेकान्धस्य मूढता ॥ ४५ ॥

ऋषिरुवाच ॥ ४६ ॥

ज्ञानमस्ति समस्तस्य जन्तोर्विषयगोचरे ।
विषयाश्च महाभाग यान्ति चैवं पृथक्पृथक् ॥ ४७ ॥
दिवान्धाः प्राणिनः केचिद्रात्रावन्धास्तथापरे ।
केचिद्दिवा तथा रात्रौ प्राणिनस्तुल्यदृष्टयः ॥ ४८ ॥
ज्ञानिनो मनुजाः सत्यं किन्तु ते न हि केवलम् ।
यतो हि ज्ञानिनः सर्वे पशुपक्षिमृगादयः ॥ ४९ ॥

---

exceedingly unhappy. How this happens, then, sir, that though we are aware of it, this delusion comes? This delusion besets me as well as him, blinded as we are in respect of discrimination.'[6]

46-49. The Ṛṣi said: Sir, every being has the knowledge of objects perceivable by the senses. An object of sense reaches it in various ways. Some beings are blind by day, and others are blind by night; some beings have equal sight both by day and night. Human beings are certainly endowed with knowledge, but they are not the only beings (to be so endowed),

---

6. It is by the light of discrimination we know the proper nature of things real and unreal.

3

ज्ञानं च तन्मनुष्याणां यत्तेषां मृगपक्षिणाम् ।
मनुष्याणां च यत्तेषां तुल्यमन्यत्तथोभयोः ॥ ५० ॥

ज्ञानेऽपि सति पश्यैतान् पतगाञ्छावचञ्चुषु ।
कणमोक्षादृतान् मोहात्पीड्यमानानपि क्षुधा ॥ ५१ ॥

मानुषा मनुजव्याघ्र साभिलाषाः सुतान् प्रति ।
लोभात् प्रत्युपकाराय नन्वेतान् किं न पश्यसि ॥ ५२ ॥

तथापि ममतावर्ते मोहगर्ते निपातिताः ।
महामायाप्रभावेण संसारस्थितिकारिणा ॥ ५३ ॥

---

for cattle, birds, animals and other creatures also cognize (objects of senses).

50-58. The knowledge that men have, birds and beasts too have; and what they have, men also possess; and the rest (like eating and sleeping) is common to both of them. Look at these birds, which though they possess knowledge, and are themselves distressed by hunger are yet, because of the delusion, engaged in dropping grains into the beaks of their young ones. Human beings are, O tiger among men, attached to their children because of greed for return help. Do you not see this? Even so men are hurled into the whirlpool of attachment, the pit of delusion, through the power of Mahamaya (the Great Illusion), who makes the existence of the world possible.

तन्नात्र विस्मयः कार्यो योगनिद्रा जगत्पतेः ।
महामाया हरेश्चैषा तया सम्मोह्यते जगत् ॥ ५४ ॥

ज्ञानिनामपि चेतांसि देवी भगवती हि सा ।
बलादाकृष्य मोहाय महामाया प्रयच्छति ॥ ५५ ॥
तया विसृज्यते विश्वं जगदेतच्चराचरम् ।
सैषा प्रसन्ना वरदा नृणां भवति मुक्तये ॥ ५६ ॥

सा विद्या परमा मुक्तेर्हेतुभूता सनातनी ॥ ५७ ॥

संसारबन्धहेतुश्च सैव सर्वेश्वरेश्वरी ॥ ५८ ॥

राजोवाच ॥ ५९ ॥

Marvel not at this. This Mahāmāyā is the Yoganidrā,[7] of Viṣṇu, the Lord of the world. It is by her the world is deluded. Verily she, the Bhagavatī, Mahāmāyā forcibly drawing the minds of even the wise, throws them into delusion. She creates this entire universe, both moving and unmoving. It is she who, when propitious, becomes a boon-giver to human beings for their final liberation. She is the supreme knowledge, the cause of final liberation, and eternal ; she is the cause of the bondage of transmigration and the sovereign over all lords.

59-62. The king said : 'Venerable sir, who is that Devī whom you call Mahāmāyā ? How did she come

7. Yoganidrā is the tāmasic power of Hari.

भगवन् का हि सा देवी महामायेति यां भवान् ।
ब्रवीति कथमुत्पन्ना सा कर्मास्याश्च किं द्विज ॥ ६० ॥

यत्प्रभावा च सा देवी यत्स्वरूपा यदुद्भवा ॥ ६१ ॥

तत्सर्वं श्रोतुमिच्छामि त्वत्तो ब्रह्मविदां वर ॥ ६२ ॥

ऋषिरुवाच ॥ ६३ ॥

नित्यैव सा जगन्मूर्तिस्तया सर्वमिदं ततम् ॥ ६४ ॥

तथापि तत्समुत्पत्तिर्बहुधा श्रूयतां मम ॥ ६५ ॥

देवानां कार्यसिद्ध्यर्थमाविर्भवति सा यदा ।
उत्पन्नेति तदा लोके सा नित्याप्यभिधीयते ॥ ६६ ॥

---

into being, and what is her sphere of action, O Brāhmaṇa? What constitutes her nature? What is her form? Wherefrom did she originate? All that I wish to hear from you, O you supreme among the knowers of Brahman.'

63-71. The Ṛṣi said: She is eternal, embodied as the universe. By her all this is pervaded. Nevertheless she incarnates in manifold ways; hear it from me. When she manifests herself in order to accomplish the purposes of the devas, she is said to be born in the world, though she is eternal. At the end of a kalpa when the universe was one ocean (with the waters

योगनिद्रां यदा विष्णुर्जगत्येकार्णवीकृते ।
आस्तीर्य शेषमभजत् कल्पान्ते भगवान् प्रभुः ॥ ६७ ॥

तदा द्वावसुरौ घोरौ विख्यातौ मधुकैटभौ ।
विष्णुकर्णमलोद्भूतौ हन्तुं ब्रह्माणमुद्यतौ ॥ ६८ ॥

स नाभिकमले विष्णोः स्थितो ब्रह्मा प्रजापतिः ।
दृष्ट्वा तावसुरौ चोग्रौ प्रसुप्तं च जनार्दनम् ॥ ६९ ॥

तुष्टाव योगनिद्रां तामेकाग्रहृदयः स्थितः ।
विबोधनार्थाय हरेर्हरिनेत्रकृतालयाम् ॥ ७० ॥

---

of the deluge)[8] and the adorable Lord Viṣṇu stretched out on S'eṣa[9] and took to mystic slumber, two terrible asuras, the well-known Madhu and Kaiṭabha, sprung into being from the dirt of Viṣṇu's ears, sought to slay Brahmā; Brahmā, the father of beings, was sitting in the lotus (that came out) from Viṣṇu's navel. Seeing these two fierce asuras and Janārdana asleep, and with a view to awakening Hari, (Brahmā) with concentrated mind extolled Yoganidrā, dwelling in Hari's eyes. The resplendent Lord Brahmā extolled the

---

8. Pralaya or deluge overtakes the world at the end of an aeon, when rain and rising water submerge the whole earth. The unified, undifferentiated water to which everything is reduced signifies primordial cause.

9. Ananta, lord of serpents who supports the earth, is the Lord's couch.

विश्वेश्वरीं जगद्धात्रीं स्थितिसंहारकारिणीम् ।
निद्रां भगवतीं विष्णोरतुलां तेजसः प्रभुः ॥ ७१ ॥

ब्रह्मोवाच ॥ ७२ ॥

त्वं स्वाहा त्वं स्वधा त्वं हि वषट्कारः स्वरात्मिका ।
सुधा त्वमक्षरे नित्ये त्रिधामात्रात्मिका स्थिता ॥ ७३ ॥

अर्धमात्रा स्थिता नित्या यानुच्चार्याविशेषतः ।
त्वमेव सा त्वं सावित्री त्वं देवजननी परा ॥ ७४ ॥

---

incomparable Goddess of Viṣṇu, Yoganidrā, the queen of cosmos, the supporter of the worlds, the cause of the sustentation and dissolution alike (of the universe).

72-74. Brahmā said: 'You are Svāhā[10] and Svadhā[11]. You are verily the Vaṣaṭkāra[12] and embodiment of Svara[13]. You are the nectar[14]. O eternal and imperishable One, you are the embodiment of the

10. The propitiatory mantra of the devas uttered when an oblation is poured in the fire for them.

11. The propitiatory mantra of the manes (Pitṛs) uttered when offerings are made in ceremonies in honour of departed ancestors.

12. Vaṣaṭkāra in the text signifies Yajña, Vedic sacrifice.

13. Devi is herself the sacrifice and the heaven to be attained through the performance.

14. Sudhā, the food of the devas, signifies immortality.

त्वयैतद्धार्यते विश्वं त्वयैतत् सृज्यते जगत् ।
त्वयैतत् पाल्यते देवि त्वमत्स्यन्ते च सर्वदा ॥ ७५ ॥

विसृष्टौ सृष्टिरूपा त्वं स्थितिरूपा च पालने ।
तथा संहृतिरूपान्ते जगतोऽस्य जगन्मये ॥ ७६ ॥

महाविद्या महामाया महामेधा महास्मृतिः ।
महामोहा च भवती महादेवी महासुरी ॥ ७७ ॥

---

threefold mātrā[15]. You are half a mātrā, though eternal. You are verily that which cannot be uttered specifically. You are Sāvitrī [16] and the supreme Mother of the devas.

75-77. 'By you this universe is borne, by you this world is created. By you it is protected, O Devī and you always consume it at the end. O you who are (always) of the form of the whole world, at the time of creation you are of the form of the creative force, at the time of sustentation you are of the form of the protective power, and at the time of the dissolution of the world, you are of the form of the destructive power. You are the supreme knowledge as well as the great nescience, the great intellect and contemplation,

15. Omkāra, made up of *a u* and *m*.

16. The famous Sāvitrī hymn which occurs i Ṛgveda.

प्रकृतिस्त्वं च सर्वस्य गुणत्रयविभाविनी ।
कालरात्रिर्महारात्रिर्मोहरात्रिश्च दारुणा ॥ ७८ ॥

त्वं श्रीस्त्वमीश्वरी त्वं ह्रीस्त्वं बुद्धिर्बोधलक्षणा ।
लज्जा पुष्टिस्तथा तुष्टिस्त्वं शान्तिः क्षान्तिरेव च ॥७९॥

खड्गिनी शूलिनी घोरा गदिनी चक्रिणी तथा ।
शङ्खिनी चापिनी बाणभुशुण्डीपरिघायुधा ॥ ८० ॥

सौम्या सौम्यतराशेषसौम्येभ्यस्त्वतिसुन्दरी ।
परापराणां परमा त्वमेव परमेश्वरी ॥ ८१ ॥

---

as also the great delusion, the great devī as also the great asurī[17].

78-81. 'You are the primordial cause of everything, bringing into force the three qualities[18]. You are the dark night of periodic dissolution. You are the great night of final dissolution, and the terrible night of delusion. You are the goddess of good fortune, the ruler, modesty, intelligence characterized by knowledge, bashfulness, nourishment, contentment, tranquillity and forbearance. Armed with sword, spear, club, discus, conch, bow, arrows, slings and iron mace,

17. All powers of good and evil belong to her. Powers of good are hers, as much as powers of evil.

18. Sattva, Rajas and Tamas of which all things are composed.

यच्च किञ्चित्क्वचिद्वस्तु सदसद्वाखिलात्मिके ।
तस्य सर्वस्य या शक्तिः सा त्वं किं स्तूयसे मया ॥ ८२ ॥

यया त्वया जगत्स्रष्टा जगत्पातात्ति यो जगत् ।
सोऽपि निद्रावशं नीतः कस्त्वां स्तोतुमिहेश्वरः ॥ ८३ ॥

विष्णुः शरीरग्रहणमहमीशान एव च ।
कारितास्ते यतोऽतस्त्वां कः स्तोतुं शक्तिमान् भवेत् ॥८४॥

सा त्वमित्थं प्रभावैः स्वैरुदारैर्देवि संस्तुता ।
मोहयैतौ दुराधर्षावसुरौ मधुकैटभौ ॥ ८५ ॥

---

you are terrible (and at the same time) you are pleasing, yea more pleasing than all the pleasing things and exceedingly beautiful[19]. You are indeed the supreme Īśvarī, beyond the high and low.

82-87. 'And whatever or wherever a thing exists, conscient (real) or non-conscient (unreal), whatever power all that possesses is yourself. O you who are the soul of everything, how can I extol you (more than this)? By you, even he who creates, sustains and devours the world, is put to sleep. Who is here capable of extolling you? Who is capable of praising you, who have made all of us—Viṣṇu, myself and

---

19. She is compassionate to those who surrender to her, but terrible to those who disobey and go against her.

प्रबोधं च जगत्स्वामी नीयतामच्युतो लघु ॥ ८६ ॥

बोधश्च क्रियतामस्य हन्तुमेतौ महासुरौ ॥ ८७ ॥

ऋषिरुवाच ॥ ८८ ॥

एवं स्तुता तदा देवी तामसी तत्र वेधसा ।
विष्णोः प्रबोधनार्थाय निहन्तुं मधुकैटभौ ॥ ८९ ॥

नेत्रास्यनासिकाबाहुहृदयेभ्यस्तथोरसः ।
निर्गम्य दर्शने तस्थौ ब्रह्मणोऽव्यक्तजन्मनः ॥ ९० ॥

उत्तस्थौ च जगन्नाथस्तया मुक्तो जनार्दनः ।
एकार्णवेऽहिशयनात्ततः स ददृशे च तौ ॥ ९१ ॥

S'iva—take our embodied forms? O Devī, being lauded thus, bewitch these two unassailable asuras Madhu and Kaiṭabha with your superior powers. Let Viṣṇu, the Master of the world, be quickly awakened from sleep and rouse up his nature to slay these two great asuras.'

88-95. The Ṛṣi said: There, the Devī of delusion[20] extolled thus by Brahmā, the creator, in order to awaken Viṣṇu for the destruction of Madhu and

---

20. According to the three gunas of Nature, Mahāmāyā takes three forms, Mahākālī, Mahālakṣhmī, and Mahāsaraswatī, being Her tāmasika, rājasika, and sāttvika forms.

मधुकैटभौ दुरात्मानावतिवीर्यपराक्रमौ ।
क्रोधरक्तेक्षणावत्तुं ब्रह्माणं जनितोद्यमौ ॥ ९२ ॥

समुत्थाय ततस्ताभ्यां युयुधे भगवान् हरिः ।
पञ्चवर्षसहस्राणि बाहुप्रहरणो विभुः ॥ ९३ ॥

तावप्यतिबलोन्मत्तौ महामायाविमोहितौ ॥ ९४ ॥

उक्तवन्तौ वरोऽस्मत्तो व्रियतामिति केशवम् ॥ ९५ ॥

श्रीभगवानुवाच ॥ ९६ ॥

भवेतामद्य मे तुष्टौ मम वध्यावुभावपि ॥ ९७ ॥

Kaiṭabha, drew herself out from His eyes, mouth, nostrils, arms, heart and breast, and appeared in the sight of Brahmā of inscrutable birth. Janārdana, Lord of the universe, quitted by her, rose up from His couch on the universal ocean, and saw those two evil (asuras), Madhu and Kaiṭabha, of exceeding heroism and power, with eyes red in anger, endeavouring to devour Brahmā. Thereupon the all-pervading Bhagavān Viṣṇu got up and fought with the asuras for five thousand years, using his own arms as weapons. And they, frenzied with their exceeding power, and deluded by Mahāmāyā, exclaimed to Viṣṇu, 'Ask a boon from us.'

96-98. Bhagavān (Viṣṇu) said: 'If you are satisfied with me, you must both be slained by me now.

किमन्येन वरेणात्र एतावद्धि वृतं मम ॥ ९८ ॥

ऋषिरुवाच ॥ ९९ ॥

वञ्चिताभ्यामिति तदा सर्वमापोमयं जगत् ।
विलोक्य ताभ्यां गदितो भगवान् कमलेक्षणः ॥ १०० ॥
आवां जहि न यत्रोर्वी सलिलेन परिप्लुता ॥ १०१ ॥

ऋषिरुवाच ॥ १०२ ॥

तथेत्युक्त्वा भगवता शङ्खचक्रगदाभृता ।
कृत्वा चक्रेण वै छिन्ने जघने शिरसी तयोः ॥ १०३ ॥

What need is there of any other boon here? My choice is this much indeed.'

99-101. The Ṛṣi said: Those two (asuras), thus bewitched (by Mahāmāyā), gazing then at the entire world turned into water, told Bhagavān, the lotus-eyed One, 'Slay us at the spot where the earth is not flooded with water.'

102-104. The Ṛṣi said: Saying, 'Be it so', Bhagavān (Viṣṇu), the great wielder of conch, discus and mace, took them on His loins[21] and there severed

21. As the whole Universe was flooded, the demons thought the Lord would not be able to find a waterless spot to kill them; as, however, the deluge-water had not come up to the loins of the Lord, He took them up there and killed them.

एवमेषा समुत्पन्ना ब्रह्मणा संस्तुता स्वयम् ।
प्रभावमस्या देव्यास्तु भूयः शृणु वदामि ते ॥ १०४ ॥

इति श्रीमार्कण्डेयपुराणे सावर्णिके मन्वन्तरे देवीमाहात्म्ये
मधुकैटभवधो नाम प्रथमोऽध्यायः ॥ १ ॥

---

their heads with His discus. Thus she (Mahāmāyā) herself appeared when praised by Brahmā. Now listen again the glory of this Devī. I tell you.

Here ends the first chapter called 'The slaying of Madhu and Kaiṭabha' of Devīmāhātmya in Mārkaṇḍeyapurāṇa, during the period of Sāvarṇi, the Manu.

अथ मध्यमचरितम्

महालक्ष्मीध्यानम्

ॐ अक्षस्रक्परशुं गदेषुकुलिशं पद्मं धनुः कुण्डिकां
दण्डं शक्तिमसिं च चर्म जलजं घण्टां सुराभाजनम् ।
शूलं पाशसुदर्शने च दधतीं हस्तैः प्रवालप्रभां
सेवे सैरिभमर्दिनीमिह महालक्ष्मीं सरोजस्थिताम् ॥

MEDITATION OF MAHĀLAKṢMĪ

I resort to Mahālakṣmī, the destroyer of Mahiṣāsura, who is seated on the lotus, is of the complexion of coral and who holds in her (eighteen) hands rosary, axe, mace, arrow, thunderbolt, lotus, bow, pitcher, rod, s'akti, sword, shield, conch, bell, wine-cup, trident, noose and the discus Sudars'ana.

ॐ ऋषिरुवाच ॥ १ ॥

देवासुरमभूद्युद्धं पूर्णमब्दशतं पुरा ।
महिषेऽसुराणामधिपे देवानां च पुरन्दरे ॥ २ ॥

तत्रासुरैर्महावीर्यैर्देवसैन्यं पराजितम् ।
जित्वा च सकलान् देवानिन्द्रोऽभून्महिषासुरः ॥ ३ ॥

ततः पराजिता देवाः पद्मयोनिं प्रजापतिम् ।
पुरस्कृत्य गतास्तत्र यत्रेशगरुडध्वजौ ॥ ४ ॥

यथावृत्तं तयोस्तद्वन्महिषासुरचेष्टितम् ।
त्रिदशाः कथयामासुर्देवाभिभवविस्तरम् ॥ ५ ॥

1-3. The Ṛṣi said: Of yore when Mahiṣāsura was the lord of asuras and Indra the lord of devas, there was a war between the devas and asuras for a full hundred years. In that the army of the devas was vanquished by the valorous asuras. After conquering all the devas, Mahiṣāsura became the lord of heaven (Indra).

4-5. Then the vanquished devas headed by Brahmā, the lord of beings, went to the place where S'iva and Viṣṇu were. The devas described to them in detail, as it had happened, the story of their defeat wrought by Mahiṣasura.

सूर्येन्द्राग्न्यनिलेन्दूनां यमस्य वरुणस्य च ।
अन्येषां चाधिकारान्स स्वयमेवाधितिष्ठति ॥ ६ ॥

स्वर्गान्निराकृताः सर्वे तेन देवगणा भुवि ।
विचरन्ति यथा मर्त्या महिषेण दुरात्मना ॥ ७ ॥

एतद्वः कथितं सर्वममरारिविचेष्टितम् ।
शरणं वः प्रपन्नाः स्मो वधस्तस्य विचिन्त्यताम् ॥ ८ ॥

इत्थं निशम्य देवानां वचांसि मधुसूदनः ।
चकार कोपं शम्भुश्च भ्रुकुटीकुटिलाननौ ॥ ९ ॥

6-8. 'He (Mahiṣāsura) himself has assumed the jurisdictions of Sūrya, Indra, Agni, Vāyu, Candra, Yama and Varuṇa and other (devas). Thrown out from heaven by that evil-natured Mahiṣa, the hosts of devas wander on the earth like mortals. All that has been done by the enemy of the devas, has been related to you both, and we have sought shelter under you both. May both of you be pleased to think out the means of his destruction.'

9. Having thus heard the words of the devas, Viṣṇu was angry and also S'iva, and their faces became fierce with frowns.

ततोऽतिकोपपूर्णस्य चक्रिणो वदनात्ततः ।
निश्चक्राम महत्तेजो ब्रह्मणः शङ्करस्य च ॥ १० ॥

अन्येषां चैव देवानां शक्रादीनां शरीरतः ।
निर्गतं सुमहत्तेजस्तच्चैक्यं समगच्छत ॥ ११ ॥

अतीव तेजसः कूटं ज्वलन्तमिव पर्वतम् ।
ददृशुस्ते सुरास्तत्र ज्वालाव्याप्तदिगन्तरम् ॥ १२ ॥

अतुलं तत्र तत्तेजः सर्वदेवशरीरजम् ।
एकस्थं तदभून्नारी व्याप्तलोकत्रयं त्विषा ॥ १३ ॥

यदभूच्छाम्भवं तेजस्तेनाजायत तन्मुखम् ।
याम्येन चाभवन् केशा बाहवो विष्णुतेजसा ॥ १४ ॥

10-11. Then issued forth a great light from the face of Viṣṇu who was full of intense anger, and from that of Brahmā and S'iva too. From the bodies of Indra and other devas also sprang forth a very great light. And (all) this light united together.

12-13. The devas saw there a concentration of light like a mountain blazing excessively, pervading all the quarters with its flames. Then that unique light, produced from the bodies of all the devas, pervading the three worlds with its lustre, combined into one and became a female form.

14-15. By that which was S'iva's light, her face came into being; by Yama's (light) her hair, by Viṣṇu's

सौम्येन स्तनयोर्युग्मं मध्यं चैन्द्रेण चाभवत् ।
वारुणेन च जङ्घोरू नितम्बस्तेजसा भुवः ॥ १५ ॥

ब्रह्मणस्तेजसा पादौ तदङ्गुल्योऽर्कतेजसा ।
वसूनां च कराङ्गुल्यः कौबेरेण च नासिका ॥ १६ ॥

तस्यास्तु दन्ताः सम्भूताः प्राजापत्येन तेजसा ।
नयनत्रितयं जज्ञे तथा पावकतेजसा ॥ १७ ॥

भ्रुवौ च सन्ध्ययोस्तेजः श्रवणावनिलस्य च ।
अन्येषां चैव देवानां सम्भवस्तेजसां शिवा ॥ १८ ॥

---

light her arms; and by Candra's (light) her two breasts. By Indra's light her waist, by Varuṇa's (light) her shanks and thighs and by earth's light her hips.

16-18. By Brahmā's light her feet came into being; by Sūrya's light her toes, by Vasus'[1] (light) her fingers, by Kubera's (light) her nose; by Prajāpati's light her teeth came into being and similarly by Agni's light her three eyes were formed. The light of the two sandhyās became her eye-brows, the light of Vāyu her ears; the manifestation of the lights of other devas too (contributed to the being of the) auspicious Devī.

---

1. Apa, Dhruva, Soma, Dhara, Anila, Anala, Pratyūṣa and Prabhāsa are the eight vasus.

ततः समस्तदेवानां तेजोराशिसमुद्भवाम् ।
तां विलोक्य मुदं प्रापुरमरा महिषार्दिताः ॥ १९ ॥

शूलं शूलाद्विनिष्कृष्य ददौ तस्यै पिनाकधृक् ।
चक्रं च दत्तवान् कृष्णः समुत्पाट्य स्वचक्रतः ॥ २० ॥

शङ्खं च वरुणः शक्तिं ददौ तस्यै हुताशनः ।
मारुतो दत्तवांश्चापं बाणपूर्णे तथेषुधी ॥ २१ ॥

वज्रमिन्द्रः समुत्पाट्य कुलिशादमराधिपः ।
ददौ तस्यै सहस्राक्षो घण्टामैरावताद्गजात् ॥ २२ ॥

---

19. Then looking at her, who had come into being from the assembled lights of all the devas, the immortals who were oppressed by Mahiṣāsura experienced joy.

20-21. The bearer of Pināka (S'iva) drawing forth a trident from his own trident presented it to her; and Viṣṇu bringing forth a discus out of his own discus gave her. Varuṇa gave her a conch, Agni a spear; and Māruta gave a bow as well as two quivers full of arrows.

22-23. Indra, lord of devas, bringing forth a thunderbolt out of (his own) thunderbolt and a bell from that of his elephant Airāvata, gave her. Yama gave a staff from his own staff of Death and Varuṇa,

कालदण्डाद्यमो दण्डं पाशं चाम्बुपतिर्ददौ ।
प्रजापतिश्चाक्षमालां ददौ ब्रह्मा कमण्डलुम् ॥ २३ ॥

समस्तरोमकूपेषु निजरश्मीन् दिवाकरः ।
कालश्च दत्तवान् खङ्गं तस्याश्चर्म च निर्मलम् ॥ २४ ॥

क्षीरोदश्चामलं हारमजरे च तथाम्बरे ।
चूडामणिं तथा दिव्यं कुण्डले कटकानि च ॥ २५ ॥

अर्धचन्द्रं तथा शुभ्रं केयूरान् सर्वबाहुषु ।
नूपुरौ विमलौ तद्वद् ग्रैवेयकमनुत्तमम् ॥ २६ ॥

अङ्गुलीयकरत्नानि समस्तास्वङ्गुलीषु च ।
विश्वकर्मा ददौ तस्यै परशुं चातिनिर्मलम् ॥ २७ ॥

---

the lord of waters, a noose; and Brahmā, the lord of beings, gave a string of beads and a water-pot.

24. Sūrya bestowed his own rays on all the pores of her skin and Kāla (Time) gave a spotless sword and a shield.

25-29. The milk-ocean gave a pure necklace, a pair of undecaying garments, a divine crest-jewel, a pair of ear-rings, bracelets, a brilliant half-moon (ornament), armlets on all arms, a pair of shining anklets, a unique necklace and excellent rings on all the fingers. Viśvakarman gave her a very brilliant axe, weapons

अस्त्राण्यनेकरूपाणि तथाऽभेद्यं च दंशनम् ।
अम्लानपङ्कजां मालां शिरस्युरसि चापराम् ॥ २८ ॥

अददज्जलधिस्तस्यै पङ्कजं चातिशोभनम् ।
हिमवान् वाहनं सिंहं रत्नानि विविधानि च ॥ २९ ॥

ददावशून्यं सुरया पानपात्रं धनाधिपः ।
शेषश्च सर्वनागेशो महामणिविभूषितम् ॥ ३० ॥

नागहारं ददौ तस्यै धत्ते यः पृथिवीमिमाम् ।
अन्यैरपि सुरैर्देवी भूषणैरायुधैस्तथा ॥ ३१ ॥

सम्मानिता ननादोच्चैः साट्टहासं मुहुर्मुहुः ।
तस्या नादेन घोरेण कृत्स्नमापूरितं नभः ॥ ३२ ॥

---

of various forms and also an impenetrable armour. The ocean gave her a garland of unfading lotuses for her head and another for her breast, besides a very beautiful lotus in her hand. The (mountain) Himavat gave her a lion to ride on and various jewels.

30-33. The lord of wealth (Kubera) gave her a drinking cup, ever full of wine. S'esa, the lord of all serpents, who supports this earth, gave her a serpent-necklace bedecked with best jewels. Honoured likewise by other devas also with ornaments and weapons, she (the Devī) gave out a loud roar with a defying laugh again and again. By her unending,

अमायतातिमहता प्रतिशब्दो महानभूत् ।
चुक्षुभुः सकला लोकाः समुद्राश्च चकम्पिरे ॥ ३३ ॥

चचाल वसुधा चेलुः सकलाश्च महीधराः ।
जयेति देवाश्च मुदा तामूचुः सिंहवाहिनीम् ॥ ३४ ॥

तुष्टुवुर्मुनयश्चैनां भक्तिनम्रात्ममूर्तयः ।
दृष्ट्वा समस्तं संक्षुब्धं त्रैलोक्यममरारयः ॥ ३५ ॥

सन्नद्धाखिलसैन्यास्ते समुत्तस्थुरुदायुधाः ।
आः किमेतदिति क्रोधादाभाष्य महिषासुरः ॥ ३६ ॥

---

exceedingly great, terrible roar the entire sky was filled, and there was great reverberation. All worlds shook, the seas trembled.

34-46. The earth quaked and all the mountains rocked. 'Victory to you,' exclaimed the devas in joy to her, the lion-rider. The sages, who bowed their bodies in devotion, extolled her. Seeing the three worlds[2] agitated the foes of devas, mobilized all their armies and rose up together with uplifted weapons. Mahiṣāsura, exclaiming in wrath, 'Ha! What is this?' rushed towards that roar, surrounded by innumerable asuras. Then he saw the Devī pervading the three worlds with her lustre. Making the earth bend with

---

2. Svarga (heaven), martya (earth) and pātāla (nether region.)

अभ्यधावत तं शब्दमशेषैरसुरैर्वृतः ।
स ददर्श ततो देवीं व्याप्तलोकत्रयां त्विषा ॥ ३७ ॥

पादाक्रान्त्या नतभुवं किरीटोल्लिखिताम्बराम् ।
क्षोभिताशेषपातालां धनुर्ज्यानिःस्वनेन ताम् ॥ ३८ ॥

दिशो भुजसहस्रेण समन्ताद्व्याप्य संस्थिताम् ।
ततः प्रववृते युद्धं तया देव्या सुरद्विषाम् ॥ ३९ ॥

शस्त्रास्त्रैर्बहुधा मुक्तैरादीपितदिगन्तरम् ।
महिषासुरसेनानीश्चिक्षुराख्यो महासुरः ॥ ४० ॥

युयुधे चामरश्चान्यैश्चतुरङ्गबलान्वितः ।
रथानामयुतैः षड्भिरुदग्राख्यो महासुरः ॥ ४१ ॥

---

her footstep, scraping the sky with her diadem, shaking the nether worlds with the twang of her bow-string, and standing there pervading all the quarters around with her thousand arms. Then began a battle between that Devī and the enemies of the devas, in which the quarters of the sky were illumined by the weapons and arms hurled diversely. Mahiṣāsura's general, a great asura named Cikṣura and Cāmara, attended by forces comprising four parts,[3] and other (asuras) fought. A great asura named Udagra with

3. Cavalry, charioteers, elephant-soldiers and foot-soldiers.

अयुध्यतायुतानां च सहस्रेण महाहनुः ।
पञ्चाशद्भिश्च नियुतैरसिलोमा महासुरः ॥ ४२ ॥

अयुतानां शतैः षड्भिर्बाष्कलो युयुधे रणे ।
गजवाजिसहस्रौघैरनेकैः परिवारितः ॥ ४३ ॥

वृतो रथानां कोट्या च युद्धे तस्मिन्नयुध्यत ।
बिडालाख्योऽयुतानां च पञ्चाशद्भिरथायुतैः ॥ ४४ ॥

युयुधे संयुगे तत्र रथानां परिवारितः ।
अन्ये च तत्रायुतशो रथनागहयैर्वृताः ॥ ४५ ॥

युयुधुः संयुगे देव्या सह तत्र महासुराः ।
कोटिकोटिसहस्रैस्तु रथानां दन्तिनां तथा ॥ ४६ ॥

---

sixty thousand chariots, and Mahāhanu with ten millions (of chariots) gave battle. Asiloman,[4] another great asura, with fifteen millions (of chariots), and Bāṣkala with six millions fought in that battle. Parivārita with many thousands of elephants and horses, and surrounded by ten millions of chariots, fought in that battle. An asura named Biḍāla fought in that battle surrounded with five hundred crores of chariots. And other great asuras, thousands in number, surrounded with chariots, elephants and horses fought with the Devī in that battle.

---

4. He is so called as his hairs are as sharp as swords.

हयानां च वृतो युद्धे तत्राभून्महिषासुरः ।
तोमरैर्भिन्दिपालैश्च शक्तिभिर्मुसलैस्तथा ॥ ४७ ॥

युयुधुः संयुगे देव्या खड्गैः परशुपट्टिशैः ।
केचिच्च चिक्षिपुः शक्तीः केचित् पाशांस्तथापरे ॥ ४८ ॥

देवीं खड्गप्रहारैस्तु ते तां हन्तुं प्रचक्रमुः ।
सापि देवी ततस्तानि शस्त्राण्यस्त्राणि चण्डिका ॥ ४९ ॥

लीलयैव प्रचिच्छेद निजशस्त्रास्त्रवर्षिणी ।
अनायस्तानना देवी स्तूयमाना सुरर्षिभिः ॥ ५० ॥

मुमोचासुरदेहेषु शस्त्राण्यस्त्राणि चेश्वरी ।
सोऽपि क्रुद्धो धुतसटो देव्या वाहनकेसरी ॥ ५१ ॥

47-48. Mahiṣāsura was surrounded in that battle with thousands of crores of horses, elephants and chariots. Others (asuras) fought in the battle against the Devī with iron maces and javelins, with spears and clubs, with swords, axes and halberds. Some hurled spears and others nooses.

49-58. They began to strike her with swords in order to kill her. Showering her own weapons and arms, that Devī Caṇḍikā very easily cut into pieces all those weapons and arms. Without any strain on her face, and with gods and sages extolling her, the Īśvarī threw her weapons and arms at the bodies of the asuras. And the lion also which carried the Devī,

चचारासुरसैन्येषु वनेष्विव हुताशनः ।
निःश्वासान् मुमुचे यांश्च युध्यमाना रणेऽम्बिका ॥५२॥

त एव सद्यस्सम्भूता गणाः शतसहस्रशः ।
युयुधुस्ते परशुभिर्भिन्दिपालासिपट्टिशैः ॥ ५३ ॥

नाशयन्तोऽसुरगणान् देवीशक्त्युपबृंहिताः ।
अवादयन्त पटहान् गणाः शङ्खांस्तथापरे ॥ ५४ ॥

मृदङ्गांश्च तथैवान्ये तस्मिन्युद्धमहोत्सवे ।
ततो देवी त्रिशूलेन गदया शक्तिवृष्टिभिः ॥ ५५ ॥

खड्गादिभिश्च शतशो निजघान महासुरान् ।
पातयामास चैवान्यान् घण्टास्वनविमोहितान् ॥ ५६ ॥

---

shaking its mane in rage, stalked among the hosts of the asuras like a conflagration amidst the forests. The sighs which Ambikā, engaged in the battle, heaved became at once her battalions by hundreds and thousands. Energized by the power of the Devī, these (battalions) fought with axes, javelins, swords halberds, and destroyed the asuras. Of these battalions, some beat drums, some blew conches and others played on tabors in that great martial festival. Then the Devī killed hundreds of asuras with her trident, club, showers of spears, swords and the like, and threw down others who were stupefied by the

असुरान् भुवि पाशेन बद्ध्वा चान्यानकर्षयत् ।
केचिद् द्विधाकृतास्तीक्ष्णैः खड्गपातैस्तथापरे ॥ ५७ ॥

विपोथिता निपातेन गदया भुवि शेरते ।
वेमुश्च केचिद्रुधिरं मुसलेन भृशं हताः ॥ ५८ ॥

केचिन्निपतिता भूमौ भिन्नाः शूलेन वक्षसि ।
निरन्तराः शरौघेण कृताः केचिद्रणाजिरे ॥ ५९ ॥

शल्यानुकारिणः प्राणान्मुमुचुस्त्रिदशार्दनाः ।
केषाञ्चिद्बाहवश्छिन्नाश्छिन्नग्रीवास्तथापरे ॥ ६० ॥

शिरांसि पेतुरन्येषामन्ये मध्ये विदारिताः ।
विच्छिन्नजङ्घास्त्वपरे पेतुरुर्व्यां महासुराः ॥ ६१ ॥

---

noise of her bell; and binding others with her noose, she dragged them on the ground. Some were split into two by the sharp slashes of her sword, and others, smashed by the blows of her mace, lay down on the ground; and some severely hammered by her club vomitted forth blood.

59-61. Pierced in the breast by her trident, some fell on the ground. Pierced all over by her arrows and resembling porcupines, some of the enemies of devas gave up their lives on that field of battle. Some had their arms cut off, some, their necks broken the heads of others rolled down; some others were

एकबाह्वक्षिचरणाः केचिद्देव्या द्विधाकृताः ।
छिन्नेऽपि चान्ये शिरसि पतिताः पुनरुत्थिताः ॥ ६२ ॥

कबन्धा युयुधुर्देव्या गृहीतपरमायुधाः ।
ननृतुश्चापरे तत्र युद्धे तूर्यलयाश्रिताः ॥ ६३ ॥

कबन्धाश्छिन्नशिरसः खड्गशक्त्यृष्टिपाणयः ।
तिष्ठ तिष्ठेति भाषन्तो देवीमन्ये महासुराः ॥ ६४ ॥

पातितै रथनागाश्वैरसुरैश्च वसुन्धरा ।
अगम्या साभवत्तत्र यत्राभूत् स महारणः ॥ ६५ ॥

---

torn asunder in the middle of their trunks, and some great asuras fell on the ground with their legs severed.

62. Some rendered one-armed, one-eyed, and one-legged were again clove in twain by the Devī. And others, though rendered headless, fell and rose again.

63. Headless trunks fought with the Devī with best weapons in their hands. Some of these headless trunks danced there in the battle to the rhythm of the musical instruments.

64-65. The trunks of some other great asuras, with their swords, spears and lances still in their hands, shouted at the Devī with their just severed heads, 'Stop, stop'. That part of earth where the battle was fought became impassable with the asuras,

शोणितौघा महानद्यस्सद्यस्तत्र विसुस्रुवुः ।
मध्ये चासुरसैन्यस्य वारणासुरवाजिनाम् ॥ ६६ ॥

क्षणेन तन्महासैन्यमसुराणां तथाम्बिका ।
निन्ये क्षयं यथा वह्निस्तृणदारुमहाचयम् ॥ ६७ ॥

स च सिंहो महानादमुत्सृजन् धुतकेसरः ।
शरीरेभ्योऽमरारीणामसूनिव विचिन्वति ॥ ६८ ॥

देव्या गणैश्च तैस्तत्र कृतं युद्धं तथासुरैः ।
यथैषां तुष्टुवुर्देवाः पुष्पवृष्टिमुचो दिवि ॥ ६९ ॥

---

elephants and horses and chariots that had been felled.

66-67. The profuse blood from the asuras, elephants and horses flowed immediately like large rivers amidst that army of the asuras. As fire consumes a huge heap of straw and wood, so did Ambikā destroy that vast army of asuras in no time.

68-69 And her carrier-lion, thundering aloud with quivering mane, prowled about in the battlefield, appearing to search out the vital breaths from the bodies of the enemies of devas. In that battlefield the battalions of the Devī fought in such a manner with the asuras that the devas in heaven, showering flowers, extolled them.

इति श्रीमार्कण्डेयपुराणे सावर्णिके मन्वन्तरे देवीमाहात्म्ये
महिषासुरसैन्यवधो नाम द्वितीयोऽध्यायः ॥

Here ends the second chapter called 'Slaughter of the armies of Mahisāsura' of Devī-māhātmya in Mārkaṇḍeya-purāṇa, during the period of Sāvarṇi, the Manu.

अथ तृतीयोऽध्यायः ॥

ऋषिरुवाच ॥ १ ॥

निहन्यमानं तत्सैन्यमवलोक्य महासुरः ।
सेनानीश्चिक्षुरः कोपाद्ययौ योद्धुमथाम्बिकाम् ॥ २ ॥

स देवीं शरवर्षेण ववर्ष समरेऽसुरः ।
यथा मेरुगिरेः शृङ्गं तोयवर्षेण तोयदः ॥ ३ ॥

तस्य छित्वा ततो देवी लीलयैव शरोत्करान् ।
जघान तुरगान्बाणैर्यन्तारं चैव वाजिनाम् ॥ ४ ॥

1-2. The Ṛsi said: Then Cikṣura, the great asura general, seeing that army being slain (by the Devī), advanced in anger to fight with Ambikā.

3. That asura rained showers of arrows on the Devī in the battle, even as a cloud (showers) rain on the summit of Mount Meru.

4. Then the Devī, easily cutting asunder the masses of his arrows, killed his horses and their controller with her arrows.

चिच्छेद च धनुः सद्यो ध्वजं चातिसमुच्छ्रितम् ।
विव्याध चैव गात्रेषु छिन्नधन्वानमाशुगैः ॥ ५ ॥

स छिन्नधन्वा विरथो हताश्वो हतसारथिः ।
अभ्यधावत तां देवीं खड्गचर्मधरोऽसुरः ॥ ६ ॥

सिंहमाहत्य खड्गेन तीक्ष्णधारेण मूर्धनि ।
आजघान भुजे सव्ये देवीमप्यतिवेगवान् ॥ ७ ॥

तस्याः खड्गो भुजं प्राप्य पफाल नृपनन्दन ।
ततो जग्राह शूलं स कोपादरुणलोचनः ॥ ८ ॥

---

5. Forthwith she split his bow and lofty banner, and with her arrows pierced the body of that (asura) whose bow had been cut.

6. His bow shattered, his chariot broken, his horses killed and his charioteer slain, the asura armed with sword and shield rushed at the Devī.

7. Swiftly he smote the lion on the head with his sharp-edged sword and struck the Devī also on her left arm.

8. O king, his sword broke into pieces as it touched her arm. [illegible]reon his eyes turning red with anger, he grasped his pike.

चिक्षेप च ततस्तत्तु भद्रकाल्यां महासुरः ।
जाज्वल्यमानं तेजोभी रविबिम्बमिवाम्बरात् ॥ ९ ॥

दृष्ट्वा तदापतच्छूलं देवी शूलममुञ्चत ।
तच्छूलं शतधा तेन नीतं स च महासुरः ॥ १० ॥

हते तस्मिन्महावीर्ये महिषस्य चमूपतौ ।
आजगाम गजारूढश्चामरस्त्रिदशार्दनः ॥ ११ ॥

सोऽपि शक्तिं मुमोचाथ देव्यास्तामम्बिका द्रुतम् ।
हुङ्काराभिहतां भूमौ पातयामास निष्प्रभाम् ॥ १२ ॥

---

9. Then the great asura flung at Bhadrakālī[1] the pike, blazing with lustre, as if he was hurling the very sun from the skies.

10. Seeing that pike coming upon her, the Devī hurled her pike that shattered his pike into a hundred fragments and the great asura himself.

11. Mahiṣāsura's very valiant general having been killed, Cāmara, the afflictor of devas, mounted on an elephant, advanced.

12. He also hurled his spear at the Devī. Ambikā quickly assailed it with a whoop, made it lustreless and fall to the ground.

---

1. A name of Caṇḍikā

भग्नां शक्तिं निपतितां दृष्ट्वा क्रोधसमन्वितः ।
चिक्षेप चामरः शूलं बाणैस्तदपि साच्छिनत् ॥ १३ ॥

ततः सिंहः समुत्पत्य गजकुम्भान्तरस्थितः ।
बाहुयुद्धेन युयुधे तेनोच्चैस्त्रिदशारिणा ॥ १४ ॥

युध्यमानौ ततस्तौ तु तस्मान्नागान्महीं गतौ ।
युयुधातेऽतिसंरब्धौ प्रहारैरतिदारुणैः ॥ १५ ॥

ततो वेगात् खमुत्पत्य निपत्य च मृगारिणा ।
करप्रहारेण शिरश्चामरस्य पृथक् कृतम् ॥ १६ ॥

---

13. Seeing his spear broken and fallen, Cāmara, full of rage, flung a pike, and she split that also with her arrows.

14. Then the lion, leaping up and seating itself at the centre of the elephant's forehead, engaged itself in a hand to hand fight with that foe of the devas.

15. Fighting, the two then came down to the earth from the back of the elephant, and fought very impetuously, dealing the most terrible blows at each other.

16. Then the lion, springing up quickly to the sky, and descending, severed Cāmara's head with a blow from its paw.

उदग्रश्च रणे देव्या शिलावृक्षादिभिर्हतः ।
दन्तमुष्टितलैश्चैव करालश्च निपातितः ॥ १७ ॥

देवी क्रुद्धा गदापातैश्चूर्णयामास चोद्धतम् ।
बाष्कलं भिन्दिपालेन बाणैस्ताम्रं तथान्धकम् ॥ १८ ॥

उग्रास्यमुग्रवीर्यं च तथैव च महाहनुम् ।
त्रिनेत्रा च त्रिशूलेन जघान परमेश्वरी ॥ १९ ॥

बिडालस्यासिना कायात् पातयामास वै शिरः ।
दुर्धरं दुर्मुखं चोभौ शरैर्निन्ये यमक्षयम् ॥ २० ॥

---

17. And Udagra was killed in the battle by the Devī with stones, trees and the like, and Karāla also was stricken down by her teeth and fists and slaps.[2]

18. Enraged, the Devī ground Uddhata to powder with the blows of her club, and killed Bāṣkala with a dart and destroyed Tāmra and Andhaka with arrows.

19. The three-eyed Supreme Īśvarī killed Ugrāsya and Ugravīrya and Mahāhanu also with her trident.

20. With her sword she struck down Bidāla's head from his body, and despatched both Durdhara and Durmukha to the abode of Death with her arrows.

---

2. Or 'with the handle of her ivory sword'.

एवं संक्षीयमाणे तु स्वसैन्ये महिषासुरः ।
माहिषेण स्वरूपेण त्रासयामास तान् गणान् ॥ २१ ॥

कांश्चित्तुण्डप्रहारेण खुरक्षेपैस्तथापरान् ।
लाङ्गूलताडितांश्चान्यान् शृङ्गाभ्यां च विदारितान् ॥२२॥

वेगेन कांश्चिदपरान्नादेन भ्रमणेन च ।
निःश्वासपवनेनान्यान्पातयामास भूतले ॥ २३ ॥

निपात्य प्रमथानीकमभ्यधावत सोऽसुरः ।
सिंहं हन्तुं महादेव्याः कोपं चक्रे ततोऽम्बिका ॥ २४ ॥

---

21. As his army was thus being destroyed, Mahiṣāsura terrified the troops of the Devi with his own buffalo form.

22. Some (he laid low) by a blow of his muzzle, some by stamping with his hooves, some by the lashes of his tail, and others by the pokes of his horns.

23. Some he laid low on the face of the earth by his impetuous speed, some by his bellowing and wheeling movement, and others by the blast of his breath.

24. Having laid low her army, Mahiṣāsura rushed to slay the lion of the Mahādevī. This enraged Ambikā.

सोऽपि कोपान्महावीर्यः खुरक्षुण्णमहीतलः ।
शृङ्गाभ्यां पर्वतानुच्चांश्चिक्षेप च ननाद च ॥ २५ ॥

वेगभ्रमणविक्षुण्णा मही तस्य विशीर्यत ।
लाङ्गूलेनाहतश्चाब्धिः प्लावयामास सर्वतः ॥ २६ ॥

धुतशृङ्गविभिन्नाश्च खण्डं खण्डं ययुर्घनाः ।
श्वासानिलास्ताः शतशो निपेतुर्नभसोऽचलाः ॥ २७ ॥

इति क्रोधसमाध्मातमापतन्तं महासुरम् ।
दृष्ट्वा सा चण्डिका कोपं तद्वधाय तदाकरोत् ॥ २८ ॥

---

25. Mahiṣāsura, great in valour, pounded the surface of the earth with his hooves in rage, tossed up the high mountains with his horns, and bellowed terribly.

26. Crushed by the velocity of his wheeling, the earth disintegrated, and lashed by his tail, the sea overflowed all around.

27. Pierced by his swaying horns, the clouds went into fragments. Cast up by the blast of his breath, mountains fell down from the sky in hundreds.

28. Seeing the great asura swollen with rage and advancing towards her, Caṇḍikā displayed her wrath in order to slay him.

सा क्षिप्त्वा तस्य वै पाशं तं बबन्ध महासुरम् ।
तत्याज माहिषं रूपं सोऽपि बद्धो महामृधे ॥ २९ ॥

ततः सिंहोऽभवत्सद्यो यावत्तस्याम्बिका शिरः ।
छिनत्ति तावत् पुरुषः खड्गपाणिरदृश्यत ॥ ३० ॥

तत एवाशु पुरुषं देवी चिच्छेद सायकैः ।
तं खड्गचर्मणा सार्धं ततः सोऽभून्महागजः ॥ ३१ ॥

करेण च महासिंहं तं चकर्ष जगर्ज च ।
कर्षतस्तु करं देवी खड्गेन निरकृन्तत ॥ ३२ ॥

---

29. She flung her noose over him and bound the great asura. Thus bound in the great battle, he quitted his buffalo form.

30. Then he became a lion suddenly. While Ambikā cut off the head (of his lion form), he took the appearance of a man with sword in hand.

31. Immediately then the Devī with her arrows chopped off the man together with his sword and shield. Then he became a big elephant.

32. (The elephant) tugged at her great lion with his trunk and roared loudly, but as he was dragging, the Devī cut off his trunk with her sword.

ततो महासुरो भूयो माहिषं वपुरास्थितः ।
तथैव क्षोभयामास त्रैलोक्यं सचराचरम् ॥ ३३ ॥

ततः क्रुद्धा जगन्माता चण्डिका पानमुत्तमम् ।
पपौ पुनः पुनश्चैव जहासारुणलोचना ॥ ३४ ॥

ननर्द चासुरः सोऽपि बलवीर्यमदोद्धतः ।
विषाणाभ्यां च चिक्षेप चण्डिकां प्रति भूधरान् ॥ ३५ ॥

सा च तान्प्रहितांस्तेन चूर्णयन्ती शरोत्करैः ।
उवाच तं मदोद्धूतमुखरागाकुलाक्षरम् ॥ ३६ ॥

---

33. The great asura then resumed his buffalo shape and shook the three worlds with their movable and immovable objects.

34. Enraged thereat, Caṇḍikā, the Mother of the worlds, quaffed a divine drink again and again, and laughed, her eyes becoming red.

35. And the asura also roared intoxicated with his strength and valour, and hurled mountains against Caṇḍikā with his horns.

36. And she with showers of arrows pulverized (those mountains) hurled at her, and spoke to him in flurried words, the colour of her face accentuated with the intoxication of the divine drink.

देव्युवाच ॥ ३७ ॥

गर्ज गर्ज क्षणं मूढ मधु यावत्पिबाम्यहम् ।
मया त्वयि हतेऽत्रैव गर्जिष्यन्त्याशु देवताः ॥ ३८ ॥

ऋषिरुवाच ॥ ३९ ॥

एवमुक्त्वा समुत्पत्य सारूढा तं महासुरम् ।
पादेनाक्रम्य कण्ठे च शूलेनैनमताडयत् ॥ ४० ॥

ततः सोऽपि पदाक्रान्तस्तया निजमुखात्ततः ।
अर्धनिष्क्रान्त एवासीद्देव्या वीर्येण संवृतः ॥ ४१ ॥

37-38. The Devī said: 'Roar, roar, O fool, for a moment while I drink this wine.[3] When you will be slain by me, the devas will soon roar in this very place.'

39-40. The Ṛṣi said: Having exclaimed thus, she jumped and landed herself on that great asura, pressed him on the neck with her foot and struck him with her spear.

41. And thereupon, caught up under her foot. Mahiṣāsura half issued forth (in his real form) from his own (buffalo) mouth, being completely overcome by the valour of the Devī.

3. According to the commentary named Guptavati, the drinking of divine wine signifies that the Devi was in her Mahālakṣmī form.

अर्धनिष्क्रान्त एवासौ युध्यमानो महासुरः ।
तया महासिना देव्या शिरश्छित्त्वा निपातितः ॥ ४२ ॥

ततो हाहाकृतं सर्वं दैत्यसैन्यं ननाश तत् ।
प्रहर्षं च परं जग्मुः सकला देवतागणाः ॥ ४३ ॥

तुष्टुवुस्तां सुरा देवीं सहदिव्यैर्महर्षिभिः ।
जगुर्गन्धर्वपतयो ननृतुश्चाप्सरोगणाः ॥ ४४ ॥

इति श्रीमार्कण्डेयपुराणे सावर्णिके मन्वन्तरे देवीमाहात्म्ये
महिषासुरवधो नाम तृतीयोऽध्यायः ॥ ३ ॥

---

42. Fighting thus with his half-revealed form, the great asura was laid by the Devī who struck off his head with her great sword.

43. Then, crying in consternation, the whole asura army perished; and all the hosts of devas were in great exultation.

44. With the great sages of heaven, the devas praised the Devī. The Gandharva chiefs sang and the bevies of apsaras danced.

Here ends the third chapter called 'The Slaying of Mahiṣāsura' of Devi-māhātmya in Mārkandeya-purāna during the period of Sāvarni, the Manu.

अथ चतुर्थोऽध्यायः

ऋषिरुवाच ॥ १ ॥

शक्रादयः सुरगणा निहतेऽतिवीर्ये
तस्मिन्दुरात्मनि सुरारिबले च देव्या ।
तां तुष्टुवुः प्रणतिनम्रशिरोधरांसा
वाग्भिः प्रहर्षपुलकोद्गमचारुदेहाः ॥ २ ॥

देव्या यया ततमिदं जगदात्मशक्त्या
निःशेषदेवगणशक्तिसमूहमूर्त्या ।
तामम्बिकामखिलदेवमहर्षिपूज्यां
भक्त्या नताः स्म विदधातु शुभानि सा नः ॥ ३ ॥

1-2. The Ṛṣi said: When that most valiant but evil-natured Mahiṣāsura and the army of that foe of the devas were destroyed by the Devī, Indra and the hosts of devas uttered their words of praise, their necks and shoulders reverently bent, and bodies rendered beautiful with horripilation and exultation.

3. 'To that Ambikā who is worthy of worship by all devas and sages and pervades this world by her

यस्याः प्रभावमतुलं भगवाननन्तो
ब्रह्मा हरश्च न हि वक्तुमलं बलं च ।
सा चण्डिकाखिलजगत्परिपालनाय
नाशाय चाशुभभयस्य मतिं करोतु ॥ ४ ॥

या श्रीः स्वयं सुकृतिनां भवनेष्वलक्ष्मीः
पापात्मनां कृतधियां हृदयेषु बुद्धिः ।
श्रद्धा सतां कुलजनप्रभवस्य लज्जा
तां त्वां नताः स्म परिपालय देवि विश्वम् ॥ ५ ॥

---

power and who is the embodiment of the entire powers of all the hosts of devas, we bow in devotion. May she grant us auspicious things!

4. 'May Caṇḍikā, whose incomparable greatness and power Bhagavān Viṣṇu, Brahmā and Hara are unable to describe, bestow her mind on protecting the entire world and on destroying the fear of evil.

5. 'O Devī, we bow before you, who are yourself good fortune in the dwellings of the virtuous, and ill-fortune in those of the vicious, intelligence in the hearts of the learned, faith in the hearts of the good, and modesty in the hearts of the high-born. May you protect the universe!

किं वर्णयाम तव रूपमचिन्त्यमेतत्
किञ्चातिवीर्यमसुरक्षयकारि भूरि ।
किं चाहवेषु चरितानि तवाति यानि
सर्वेषु देव्यसुरदेवगणादिकेषु ॥ ६ ॥

हेतुः समस्तजगतां त्रिगुणापि दोषै-
र्न ज्ञायसे हरिहरादिभिरप्यपारा ।
सर्वाश्रयाखिलमिदं जगदंशभूत-
मव्याकृता हि परमा प्रकृतिस्त्वमाद्या ॥ ७ ॥

---

6. 'O Devī, how can we describe your inconceivable form, or your abundant surpassing valour that destroys the asuras, or your wonderful feats displayed in battles among all the hosts of gods, asuras and others?

7. 'You are the origin of all the worlds! Though you are possessed of the three guṇas[1] you are not known to have any of their attendant defects (like passion)! You are incomprehensible even to Viṣṇu, S'iva and others! You are the resort of all! This entire world is composed of an infinitesimal portion of

1. Sattva, rajas and tamas of which the world is made.

यस्याः समस्तसुरता समुदीरणेन
तृप्तिं प्रयाति सकलेषु मखेषु देवि ।
स्वाहासि वै पितृगणस्य च तृप्तिहेतु-
रुच्चार्यसे त्वमत एव जनैः स्वधा च ॥ ८ ॥

---

yourself! You are verily the supreme primordial Prakṛti[2] untransformed[3].

8. 'O Devī, you are Svāhā[4] at whose utterance the whole assemblage of gods attains satisfaction in all the sacrifices. You are the Svadhā[5] which gives satisfaction to the manes. Therefore you are chanted (as Svāhā and Svadhā in Sacrifices) by people.

---

2. Creatrix or Nature. She is both with form and without form and is termed variously. She is called Prakṛti by the followers of Sāṅkhya, Avidyā by the Vedantins, Power of words by grammarians, Śakti of Śiva by Saivaites, Viṣṇumāyā by the Vaiṣṇavas, Mahāmāya by the Śaktas and Devī by the Pauranikas.

3. Not subject to the six normal modes of transformation: birth, existence, growth, Change, decay and destruction; or not yet evolved into names and forms.

4. Svāhā is the mantra uttered in sacrifices to the gods.

5. Svadhā is the mantra uttered in the offerings to the manes.

या मुक्तिहेतुरविचिन्त्यमहाव्रता त्वं
अभ्यस्यसे सुनियतेन्द्रियतत्त्वसारैः ।
मोक्षार्थिभिर्मुनिभिरस्तसमस्तदोषै-
र्विद्यासि सा भगवती परमा हि देवि ॥ ९ ॥

शब्दात्मिका सुविमलर्ग्यजुषां निधान-
मुद्गीथरम्यपदपाठवतां च साम्नाम् ।
देवी त्रयी भगवती भवभावनाय
वार्ता च सर्वजगतां परमार्तिहन्त्री ॥ १० ॥

---

9. 'O Devī, you are Bhagavatī, the supreme Vidyā[6] which is the cause of liberation, and great inconceivable penances (are the means for your realization). You (the supreme knowledge) are cultivated by sages desiring liberation, whose senses are well restrained, who are devoted to Reality, and have shed all the blemishes.

10. 'You are the soul of S'abda-brahman. You are the repository of the very pure Ṛk[7] and Yajus hymns, and of Sāmans, the recital of whose words is beautiful with the Udgītha[8]! You are Bhagavatī

---

6. Vidyā is the cause of liberation while avidyā is the cause of bondage.

7. The Ṛg-veda, Yajur-veda and Sāma-veda are respectively the forms of Mahākālī, Mahālakṣmī, and Mahāsarasvatī.

8. Pranava or Omkāra or the music of the Sāman.

मेधासि देवि विदिताखिलशास्त्रसारा
दुर्गासि दुर्गभवसागरनौरसङ्गा ।
श्रीः कैटभारिहृदयैककृताधिवासा
गौरी त्वमेव शशिमौलिकृतप्रतिष्ठा ॥ ११ ॥

ईषत्सहासममलं परिपूर्णचन्द्र-
बिम्बानुकारि कनकोत्तमकान्तिकान्तम् ।
अत्यद्भुतं प्रहृतमात्तरुषा तथापि
वक्त्रं विलोक्य सहसा महिषासुरेण ॥ १२ ॥

---

embodying the three Vedas. And you are the sustenance whereby life is maintained. You are the supreme destroyer of the pain of all the worlds.

11. 'O Devī, you are the Intellect, by which the essence of all scriptures is comprehended. You are Durgā, the boat that takes men across the difficult ocean of worldly existence, devoid of attachments. You are S'rī[9] who has invariably taken her abode in the heart of Viṣṇu. You are indeed Gaurī[10] who has established herself with S'iva.

12. 'Gently smiling, pure, resembling the full moon's orb, beautiful like the splendour of excellent gold was your face! Yet it was very strange that, being swayed by anger, Mahiṣāsura suddenly struck your face when he saw it.

---

9. Lakṣmī 10. Pārvatī

दृष्ट्वा तु देवि कुपितं भ्रुकुटीकराल-
मुद्यच्छशाङ्कसदृशच्छवि यन्न सद्यः ।
प्राणान् मुमोच महिषस्तदतीव चित्रं
कैर्जीव्यते हि कुपितान्तकदर्शनेन ॥ १३ ॥

देवि प्रसीद परमा भवती भवाय
सद्यो विनाशयसि कोपवती कुलानि ।
विज्ञातमेतदधुनैव यदस्तमेतन्नीतं
बलं सुविपुलं महिषासुरस्य ॥ १४ ॥

ते सम्मता जनपदेषु धनानि तेषां
तेषां यशांसि न च सीदति धर्मवर्गः ।

---

13. 'Far strange it is that after seeing your wrathful face, O Devī, terrible with its frowns and red in hue like the rising moon, that Mahiṣāsura did not forthwith give up his life! For, who can live after beholding the enraged Destroyer?

14. 'O Devī, be propitious. You are Supreme. If enraged, you forthwith destroy the (asura) families for the welfare (of the world). This was known the very moment when the extensive forces of Mahiṣāsura were brought to their end.

15. 'You who are always bounteous, with whom you are well pleased, those (fortunate ones) are indeed the object of esteem in the country, theirs are riches,

धन्यास्त एव निभृतात्मजभृत्यदारा
येषां सदाभ्युदयदा भवती प्रसन्ना ॥ १५ ॥

धर्म्याणि देवि सकलानि सदैव कर्मा-
ण्यत्यादृतः प्रतिदिनं सुकृती करोति ।
स्वर्गं प्रयाति च ततो भवती प्रसादा-
ल्लोकत्रयेऽपि फलदा ननु देवि तेन ॥ १६ ॥

दुर्गे स्मृता हरसि भीतिमशेषजन्तोः
स्वस्थैः स्मृता मतिमतीव शुभां ददासि ।
दारिद्र्यदुःखभयहारिणि का त्वदन्या
सर्वोपकारकरणाय सदार्द्रचित्ता ॥ १७ ॥

---

theirs are glories, and their acts of righteousness perish not; they are indeed blessed and possessed of devoted children, servants and wives.

16. 'By your grace, O Devī, the blessed individual does daily all righteous deeds with utmost care, and thereby attains to heaven. Are you not, therefore, O Devī, the bestower of reward in all the three worlds?

17. 'When called to mind in a difficult pass, you remove fear for every person. When called to mind by those in happiness, you bestow a mind still further pious. Which goddess but you, O Dispeller of poverty, pain and fear, has an ever sympathetic heart for helping everyone?

एभिर्हतैर्जगदुपैति सुखं तथैते
कुर्वन्तु नाम नरकाय चिराय पापम् ।
संग्राममृत्युमधिगम्य दिवं प्रयान्तु
मत्वेति नूनमहितान्विनिहंसि देवि ॥ १८ ॥

दृष्ट्वैव किं न भवती प्रकरोति भस्म
सर्वासुरानरिषु यत्प्रहिणोषि शस्त्रम् ।
लोकान्प्रयान्तु रिपवोऽपि हि शस्त्रपूता
इत्थं मतिर्भवति तेष्वपि तेऽतिसाध्वी ॥ १९ ॥

खड्गप्रभानिकरविस्फुरणैस्तथोग्रैः
शूलाग्रकान्तिनिवहेन दृशोऽसुराणाम् ।

---

18. 'The world attains happiness by the killing of these (foes); and though these (asuras) have committed sins to keep them long in hell, let them reach heaven by meeting death eventually at the battle (with me)—thinking thus, that you, O Devī, certainly destroy our enemies.

19. 'Don't you reduce to ashes all asuras by mere sight? But you direct your weapons against them so that even the inimical ones, purified by the missiles, may attain the higher worlds. Such is your most kindly intention towards them.

20. 'If the eyes of the asuras had not been put out by the terrible flashes of the mass of light issuing from your sword or by the copious lustre of your

यन्नागता विलयमंशुमदिन्दुखण्ड-
योग्याननं तव विलोकयतां तदेतत् ॥ २० ॥

दुर्वृत्तवृत्तशमनं तव देवि शीलं
रूपं तथैतदविचिन्त्यमतुल्यमन्यैः ।
वीर्यं च हन्तृ हृतदेवपराक्रमाणां
वैरिष्वपि प्रकटितैव दया त्वयेत्थम् ॥ २१ ॥

केनोपमा भवतु तेऽस्य पराक्रमस्य
रूपं च शत्रुभयकार्यतिहारि कुत्र ।
चित्ते कृपा समरनिष्ठुरता च दृष्टा
त्वय्येव देवि वरदे भुवनत्रयेऽपि ॥ २२ ॥

---

spearpoint, it is because they saw also your face resembling the moon, giving out (cool) rays.

21 'O Devī, your nature is to subdue the conduct of the wicked; this your peerless beauty is inconceivable for others; your power destroys those who have robbed the devas of their prowess, and you have thus manifested your compassion even towards the enemies.

22. 'What is your prowess to be compared to? Where can one find this beauty (of yours) most charming, (yet) striking fear in enemies? Compassion in heart and relentlessness in battle are seen, O Devī, O Bestower of boons, only in you in all the three worlds!

त्रैलोक्यमेतदखिलं रिपुनाशनेन
त्रातं त्वया समरमूर्धनि तेऽपि हत्वा ।
नीता दिवं रिपुगणा भयमप्यपास्त-
मस्माकमुन्मदसुरारिभवं नमस्ते ॥ २३ ॥

शूलेन पाहि नो देवि पाहि खड्गेन चाम्बिके ।
घण्टास्वनेन नः पाहि चापज्यानिस्स्वनेन च ॥ २४ ॥

प्राच्यां रक्ष प्रतीच्यां च चण्डिके रक्ष दक्षिणे ।
भ्रामणेनात्मशूलस्य उत्तरस्यां तथेश्वरि ॥ २५ ॥

---

23. 'Through the destruction of the enemies all these three worlds have been saved by you. Having killed them in the battle-front, you have led even those hosts of enemies to heaven, and you have dispelled our fear from the frenzied enemies of the devas. Salutation to you!

24 'O Devī, protect us with your spear. O Ambikā, protect us with your sword, protect us by the sound of your bell and by the twang of your bow-string.

25. 'O Caṇḍikā, guard us in the east, in the west, in the north and in the south by the brandishing of your spear, O Īswarī!

सौम्यानि यानि रूपाणि त्रैलोक्ये विचरन्ति ते ।
यानि चात्यन्तघोराणि तै रक्षास्मांस्तथा भुवम् ॥ २६ ॥

खड्गशूलगदादीनि यानि चास्त्राणि तेऽम्बिके ।
करपल्लवसङ्गीनि तैरस्मान्रक्ष सर्वतः ॥ २७ ॥

ऋषिरुवाच ॥ २८ ॥

एवं स्तुता सुरैर्दिव्यैः कुसुमैर्नन्दनोद्भवैः ।
अर्चिता जगतां धात्री तथा गन्धानुलेपनैः ॥ २९ ॥

---

26. 'Protect us and the earth with those lovely forms of yours moving about in the three worlds, as also with your excludingly terrible forms.

27. 'O Ambikā, protect us on every side with your sword, spear and club and whatever other weapons your sprout-like (soft) hand has touched.'

28-30. The Ṛṣi said: Thus the supporter of the worlds was praised by the devas, worshipped with celestial flowers that blossomed in Nandana[11] and with perfumes[12] and unguents; and with devotion all of them, offered her—heavenly incense. Benignly

---

11. Name of the flower-garden in heaven.

12. Kuṁkuma, Aguru, Kastūri, (musk), Candana (sandal) and Karpūra (camphor) are the five great perfumes used in ritual worship.

भक्त्या समस्तैस्त्रिदशैर्दिव्यैर्धूपैः सुधूपिता ।
प्राह प्रसादसुमुखी समस्तान् प्रणतान् सुरान् ॥ ३० ॥

देव्युवाच ॥ ३१ ॥

व्रियतां त्रिदशाः सर्वे यदस्मत्तोऽभिवाञ्छितम् ॥ ३२ ॥
(ददाम्यहमतिप्रीत्या स्तवैरेभिः सुपूजिता ।)

देवा ऊचुः ॥ ३३ ॥

भगवत्या कृतं सर्वं न किञ्चिदवशिष्यते ।
यदयं निहतः शत्रुरस्माकं महिषासुरः ॥ ३४ ॥

यदि चापि वरो देयस्त्वयाऽस्माकं महेश्वरि ।
संस्मृता संस्मृता त्वं नो हिंसेथाः परमापदः ॥ ३५ ॥

---

serene in countenance she spoke to all obeisant devas.

31-32. The Devī said: 'Choose all of you, O devas, whatever you desire of me. (Gratified immensely with these hymns, I grant it with great pleasure.)'

33-34. The devas said: 'Since our enemy, this Mahiṣāsura, has been slain by Bhagavatī (*i.e.* you) everything has been accomplished, and nothing remains to be done.

35. 'And if a boon is to be granted to us by you, O Mahes'varī, whenever we think of you again, destroy our direct calamities.

यश्च मर्त्यः स्तवैरेभिस्त्वां स्तोष्यत्यमलानने ।
तस्य वित्तर्द्धिविभवैर्धनदारादिसम्पदाम् ॥ ३६ ॥

वृद्धयेऽस्मत्प्रसन्ना त्वं भवेथाः सर्वदाम्बिके ॥ ३७ ॥

ऋषिरुवाच ॥ ३८ ॥

इति प्रसादिता देवैर्जगतोऽर्थे तथात्मनः ।
तथेत्युक्त्वा भद्रकाली बभूवान्तर्हिता नृप ॥ ३९ ॥

36-37. 'O Mother of spotless countenance, and whatever mortal shall praise you with these hymns, may you, who have become gracious towards us, be also for his increase in his wealth, wife, and other fortunes together with riches, prosperity and life, O Ambikā!'

38-39. The Ṛṣi said: O King, being thus propitiated by the devas for the sake of the world and for their own sake, Bhadrakālī said, 'Be it so' and vanished from their sight.[13]

---

13. The Devi granted the two prayers of the devas. She is, therefore, bound by Her promise to extend Her saving grace to us whenever we call on Her in weal and woe.

इत्येतत्कथितं भूप सम्भूता सा यथा पुरा ।
देवी देवशरीरेभ्यो जगत्त्रयहितैषिणी ॥ ४० ॥

पुनश्च गौरीदेहा सा समुद्भूता यथाभवत् ।
वधाय दुष्टदैत्यानां तथा शुम्भनिशुम्भयोः ॥ ४१ ॥

रक्षणाय च लोकानां देवानामुपकारिणी ।
तच्छृणुष्व मयाख्यातं यथावत्कथयामि ते ॥ ४२ ॥

इति श्रीमार्कण्डेयपुराणे सावर्णिके मन्वन्तरे देवीमाहात्म्ये
शक्रादिस्तुतिर्नाम चतुर्थोऽध्यायः ॥ ४ ॥

---

40. Thus have I narrated, O King, how the Devī who desires the good of all the three worlds made her appearance of yore out of the bodies of the devas.

41-42. And again how, as a benefactress of the devas, she appeared in the form of Gaurī for the slaying of wicked asuras as well as S'umbha and Nis'umbha, and for the protection of worlds, listen as I relate it. I shall tell it to you as it happened.

Here ends the fourth chapter called 'Praises by S'akra and others' of Devīmāhātmya, in Mārkandeya-purāṇa, during the period of Sāvarṇi, the Manu.

अथ उत्तमचरितम्

अथ ध्यानम्

घण्टाशूलहलानि शङ्खमुसले चक्रं धनुः सायकं
हस्ताब्जैर्दधतीं घनान्तविलसच्छीतांशुतुल्यप्रभाम् ।
गौरीदेहसमुद्भवां त्रिजगतामाधारभूतां महा-
पूर्वामत्र सरस्वतीमनुभजे शुम्भादिदैत्यार्दिनीम् ॥

MEDITATION OF MAHĀSARASWATĪ

I meditate on the incomparable Mahāsaraswatī who holds in her (eight) lotus-like hands bell, trident, plough, conch, mace, discus, bow and arrow; who is effulgent like the moon shining at the fringe of a cloud, who is the destroyer of S'umbha and other asuras, who issued forth from Pārvati's body and is the substratum of the three worlds.

अथ पञ्चमोऽध्यायः

ॐ ऋषिरुवाच ॥ १ ॥

पुरा शुम्भनिशुम्भाभ्यामसुराभ्यां शचीपतेः ।
त्रैलोक्यं यज्ञभागाश्च हृता मदबलाश्रयात् ॥ २ ॥

तावेव सूर्यतां तद्वदधिकारं तथैन्दवम् ।
कौबेरमथ याम्यं च चक्राते वरुणस्य च ॥ ३ ॥

तावेव पवनर्द्धिं च चक्रतुर्वह्निकर्म च ।
ततो देवा विनिर्धूता भ्रष्टराज्याः पराजिताः ॥ ४ ॥

1-2. The Ṛṣi said: Of yore Indra's (sovereignty) over the three worlds and his portion of the sacrifices were taken away by the asuras, S'umbha and Nis'umbha,[1] by force of their pride and strength.

3. The two, themselves, took over likewise, the offices of the sun, the moon, Kubera, Yama, and Varuṇa.

4. They themselves exercised Vāyu's authority and Agni's duty. Deprived of their lordships and sovereignties, the devas were defeated.

---

1. According to the Vāmana-Purāṇa, S'umbha and Nis'umbha were born of Kas'yapa and his wife Danu.

हृताधिकारास्त्रिदशास्ताभ्यां सर्वे निराकृताः ।
महासुराभ्यां तां देवीं संस्मरन्त्यपराजिताम् ॥ ५ ॥

तयास्माकं वरो दत्तो यथापत्सु स्मृताखिलाः ।
भवतां नाशयिष्यामि तत्क्षणात्परमापदः ॥ ६ ॥

इति कृत्वा मतिं देवा हिमवन्तं नगेश्वरम् ।
जग्मुस्तत्र ततो देवीं विष्णुमायां प्रतुष्टुवुः ॥ ७ ॥

देवा ऊचुः ॥ ८ ॥

नमो देव्यै महादेव्यै शिवायै सततं नमः ।
नमः प्रकृत्यै भद्रायै नियताः प्रणताः स्म ताम् ॥ ९ ॥

---

5. Deprived of their functions and expelled by these two great asuras, all the devas thought of the invincible Devī.

6. 'She had granted us the boon, "Whenever in calamities you think of me, that very moment I will put an end to all your worst calamities."'

7. Resolving thus, the devas went to Himavat, lord of the mountains, and there extolled the Devī, who is the illusive power of Viṣṇu.

8-9. The devas said [2]: 'Salutation to the Devī, to the Mahādevī. Salutation always to her who is ever

2. This is called a hymn to Aparājitā.

रौद्रायै नमो नित्यायै गौर्यै धात्र्यै नमो नमः ।
ज्योत्स्नायै चेन्दुरूपिण्यै सुखायै सततं नमः ॥ १० ॥

कल्याण्यै प्रणता वृद्ध्यै सिद्ध्यै कुर्मो नमो नमः ।
नैर्ऋत्यै भूभृतां लक्ष्म्यै शर्वाण्यै ते नमो नमः ॥ ११ ॥

दुर्गायै दुर्गपारायै सारायै सर्वकारिण्यै ।
ख्यात्यै तथैव कृष्णायै धूम्रायै सततं नमः ॥ १२ ॥

---

auspicious. Salutation to her who is the primordial cause and the sustaining power. With attention, we have made obeisance to her.

10. 'Salutation to her who is terrible, to her who is eternal. Salutation to Gaurī, the supporter (of the Universe). Salutation always to her who is of the form of the moon and moon-light and happiness itself.

11. 'We bow to her who is welfare; we make salutations to her who is prosperity and success. Salutation to the consort of S'iva who is herself the good fortune as well as misfortune of kings.

12. 'Salutation always to Durgā who takes one across in difficulties, who is essence, who is the author of everything; who is knowledge of discrimination; and who is blue-black as also smoke-like in complexion.

अतिसौम्यातिरौद्रायै नतास्तस्यै नमो नमः।
नमो जगत्प्रतिष्ठायै देव्यै कृत्यै नमो नमः ॥ १३ ॥

या देवी सर्वभूतेषु विष्णुमायेति शब्दिता।
नमस्तस्यै, नमस्तस्यै, नमस्तस्यै नमो नमः ॥१४-१६॥

या देवी सर्वभूतेषु चेतनेत्यभिधीयते।
नमस्तस्यै, नमस्तस्यै, नमस्तस्यै नमो नमः ॥१७-१९॥

या देवी सर्वभूतेषु बुद्धिरूपेण संस्थिता।
नमस्तस्यै, नमस्तस्यै नमस्तस्यै नमो नमः ॥२०-२२॥

---

13. 'We prostrate before her who is at once most gentle and most terrible; we salute her again and again. Salutation to her who is the support of the world. Salutation to the Devī who is of the form of volition.

14-16. 'Salutations again and again to the Devī who in all beings is called Viṣṇumāyā.

17-19. 'Salutations again and again to the Devī who abides in all beings as consciousness;

20-22. 'To the Devī who abides in all beings in the form of intelligence;

या देवी सर्वभूतेषु निद्रारूपेण संस्थिता ।
नमस्तस्यै, नमस्तस्यै, नमस्तस्यै नमो नमः ॥२३-२५॥

या देवी सर्वभूतेषु क्षुधारूपेण संस्थिता ।
नमस्तस्यै, नमस्तस्यै, नमस्तस्यै नमो नमः ॥२६-२८॥

या देवी सर्वभूतेषु छायारूपेण संस्थिता ।
नमस्तस्यै, नमस्तस्यै, नमस्तस्यै नमो नमः ॥२९-३१॥

या देवी सर्वभूतेषु शक्तिरूपेण संस्थिता ।
नमस्तस्यै, नमस्तस्यै, नमस्तस्यै नमो नमः ॥३२-३४॥

या देवी सर्वभूतेषु तृष्णारूपेण संस्थिता ।
नमस्तस्यै, नमस्तस्यै, नमस्तस्यै नमो नमः ॥३५-३७॥

23-25. 'To the Devī who abides in all beings in the form of sleep;

26-28. 'To the Devī who abides in all beings in the form of hunger;

29-31. 'To the Devī who abides in all beings in the form of reflection;

32-34. 'To the Devī who abides in all beings in the form of power;

35-37. 'To the Devī who abides in all beings in the form of thirst;

या देवी सर्वभूतेषु क्षान्तिरूपेण संस्थिता ।
नमस्तस्यै, नमस्तस्यै, नमस्तस्यै नमो नमः ॥३८-४०॥

या देवी सर्वभूतेषु जातिरूपेण संस्थिता ।
नमस्तस्यै, नमस्तस्यै, नमस्तस्यै नमो नमः ॥४१-४३॥

या देवी सर्वभूतेषु लज्जारूपेण संस्थिता ।
नमस्तस्यै, नमस्तस्यै, नमस्तस्यै नमो नमः ॥४४-४६॥

या देवी सर्वभूतेषु शान्तिरूपेण संस्थिता ।
नमस्तस्यै, नमस्तस्यै, नमस्तस्यै नमो नमः ॥४७-४९॥

या देवी सर्वभूतेषु श्रद्धारूपेण संस्थिता ।
नमस्तस्यै, नमस्तस्यै, नमस्तस्यै नमो नमः ॥५०-५२॥

38-40. 'To the Devī who abides in all beings in the form of forgiveness;

41-43. 'To the Devī who abides in all beings in the form of genus;

44-46. 'To the Devī who abides in all beings in the form of modesty;

47-49. 'To the Devī who abides in all beings in the form of peace;

50-52. 'To the Devī who abides in all beings in the form of faith;

या देवी सर्वभूतेषु कान्तिरूपेण संस्थिता ।
नमस्तस्यै, नमस्तस्यै, नमस्तस्यै नमो नमः ॥५३-५५॥

या देवी सर्वभूतेषु लक्ष्मीरूपेण संस्थिता ।
नमस्तस्यै, नमस्तस्यै, नमस्तस्यै नमो नमः ॥५६-५८॥

या देवी सर्वभूतेषु वृत्तिरूपेण संस्थिता ।
नमस्तस्यै, नमस्तस्यै, नमस्तस्यै नमो नमः ॥५९-६१॥

या देवी सर्वभूतेषु स्मृतिरूपेण संस्थिता ।
नमस्तस्यै, नमस्तस्यै, नमस्तस्यै नमो नमः ॥६२-६४॥

या देवी सर्वभूतेषु दयारूपेण संस्थिता ।
नमस्तस्यै, नमस्तस्यै, नमस्तस्यै नमो नमः ॥६५-६७॥

53-55. 'To the Devī who abides in all beings in the form of loveliness;

56-58. 'To the Devī who abides in all beings in the form of good fortune;

59-61. 'To the Devī who abides in all beings in the form of activity;

62-64. 'To the Devī who abides in all beings in the form of memory;

65-67. 'To the Devī who abides in all beings in the form of compassion;

या देवी सर्वभूतेषु तुष्टिरूपेण संस्थिता ।
नमस्तस्यै, नमस्तस्यै, नमस्तस्यै नमो नमः ॥६८-७०॥

या देवी सर्वभूतेषु मातृरूपेण संस्थिता ।
नमस्तस्यै, नमस्तस्यै, नमस्तस्यै नमो नमः ॥७१-७३॥

या देवी सर्वभूतेषु भ्रान्तिरूपेण संस्थिता ।
नमस्तस्यै, नमस्तस्यै, नमस्तस्यै नमो नमः ॥७४-७६॥

इन्द्रियाणामधिष्ठात्री भूतानां चाखिलेषु या ।
भूतेषु सततं तस्यै व्याप्तिदेव्यै नमो नमः ॥ ७७ ॥

68-70. 'To the Devī who abides in all beings in the form of contentment ;

71-73. 'To the Devī who abides in all beings in the form of mother ;

74-76. 'To the Devī who abides in all beings in the form of error ;[3]

77. 'To the all-pervading Devī who constantly presides over the senses of all beings and (governs) all the elements ;

---

3. Truth and error are both obverse and reverse forms of the Goddess.

चितिरूपेण या कृत्स्नमेतद्व्याप्य स्थिता जगत् ।
नमस्तस्यै, नमस्तस्यै, नमस्तस्यै नमो नमः ॥७८-८०॥

स्तुता सुरैः पूर्वमभीष्टसंश्रया-
त्तथा सुरेन्द्रेण दिनेषु सेविता ।
करोतु सा नः शुभहेतुरीश्वरी
शुभानि भद्राण्यभिहन्तु चापदः ॥ ८१ ॥

या साम्प्रतं चोद्धतदैत्यतापितै-
रस्माभिरीशा च सुरैर्नमस्यते ।
या च स्मृता तत्क्षणमेव हन्ति नः
सर्वापदो भक्तिविनम्रमूर्तिभिः ॥ ८२ ॥

78-80. 'Salutations again aad again to her who, pervading this entire world, abides in the form of consciousness.

81. 'Invoked of yore by the devas for the sake of their desired object, and adored by the lord of the devas every day, may she, the Īs'varī, the source of all good, accomplish for us all auspicious things and put an end to our calamities!

82. 'And who is now again, reverenced by us, devas, tormented by arrogant asuras and who, called to mind by us obeisant with devotion, destroys this very moment all our calamities.'

ऋषिरुवाच ॥ ८३ ॥

एवं स्तवादियुक्तानां देवानां तत्र पार्वती ।
स्नातुमभ्याययौ तोये जाह्नव्या नृपनन्दन ॥ ८४ ॥

साब्रवीत्तान् सुरान् सुभ्रूर्भवद्भिः स्तूयतेऽत्र का ।
शरीरकोशतश्चास्याः समुद्भूताऽब्रवीच्छिवा ॥ ८५ ॥

स्तोत्रं ममैतत्क्रियते शुम्भदैत्यनिराकृतैः ।
देवैः समेतैः समरे निशुम्भेन पराजितैः ॥ ८६ ॥

शरीरकोशाद्यत्तस्याः पार्वत्या निःसृताम्बिका ।
कौशिकीति समस्तेषु ततो लोकेषु गीयते ॥ ८७ ॥

83-84. The Ṛṣi said: O Prince, while the devas were thus engaged in praises and (other acts of adoration), Pārvatī came there to bathe in the waters of the Gangā.

85. She, the lovely-browed, said to those devas, 'Who is praised by you here?' An auspicious goddess, sprung forth from her physical sheath, gave the reply:

86. 'This hymn is addressed to me by the assembled devas set at naught by the asura S'umbha and routed in battle by Nis'umbha.'

87. Because that Ambikā came out of Pārvatī's physical sheath (Kos'a), she is glorified as Kaus'ikī in all the worlds.

तस्यां विनिर्गतायां तु कृष्णाभूत्सापि पार्वती ।
कालिकेति समाख्याता हिमाचलकृताश्रया ॥ ८८ ॥

ततोऽम्बिकां परं रूपं बिभ्राणां सुमनोहरम् ।
ददर्श चण्डो मुण्डश्च भृत्यौ शुम्भनिशुम्भयोः ॥ ८९ ॥

ताभ्यां शुम्भाय चाख्याता सातीव सुमनोहरा ।
काप्यास्ते स्त्री महाराज भासयन्ती हिमाचलम् ॥ ९० ॥

नैव तादृक् क्वचिद्रूपं दृष्टं केनचिदुत्तमम् ।
ज्ञायतां काप्यसौ देवी गृह्यतां चासुरेश्वर ॥ ९१ ॥

---

88. After she had issued forth, Pārvatī became dark and was called Kālikā and stationed on mount Himālaya.

89. Then, Canda, and Muṇḍa, two servants of S'umbha and Nis'umbha, saw that Ambikā (Kaus'ikī) bearing a surpassingly charming form.

90. They both told S'umbha: 'O King, a certain woman, most surpassingly beautiful, dwells there shedding lustre on mount Himālaya.

91. 'Such supreme beauty was never seen by any one anywhere. Ascertain who that Goddess is and take possession of her, O Lord of the asuras!

स्त्रीरत्नमतिचार्वङ्गी द्योतयन्ती दिशस्त्विषा ।
सा तु तिष्ठति दैत्येन्द्र तां भवान् द्रष्टुमर्हति ॥ ९२ ॥

यानि रत्नानि मणयो गजाश्वादीनि वै प्रभो ।
त्रैलोक्ये तु समस्तानि साम्प्रतं भान्ति ते गृहे ॥ ९३ ॥

ऐरावतः समानीतो गजरत्नं पुरन्दरात् ।
पारिजाततरुश्चायं तथैवोच्चैःश्रवा हयः ॥ ९४ ॥

विमानं हंससंयुक्तमेतत्तिष्ठति तेऽङ्गणे ।
रत्नभूतमिहानीतं यदासीद्वेधसोऽद्भुतम् ॥ ९५ ॥

---

92. 'A gem among women, of exquisitely beautiful limbs, illuminating the quarters with her lustre there she is, O Lord of the daityas. You should see her.

93. 'O Lord, whatever jewels, precious stones, elephants, horses and others there are in the three worlds, they are all now in your house.

94. 'Airāvata, gem among elephants, has been brought away from Indra and so also this Pārijāta tree and the horse Uccaihsravas.

95. 'Here stands in your courtyard the wonderful chariot yoked with swans, a wonderful gem (of its class). It has been brought here from Brahmā to whom it originally belonged.

निधिरेष महापद्मः समानीतो धनेश्वरात् ।
किञ्जल्किनीं ददौ चाब्धिर्मालामम्लानपङ्कजाम् ॥ ९६ ॥

छत्रं ते वारुणं गेहे काञ्चनस्रावि तिष्ठति ।
तथाऽयं स्यन्दनवरो यः पुरासीत्प्रजापतेः ॥ ९७ ॥

मृत्योरुत्क्रान्तिदा नाम शक्तिरीश त्वया हृता ।
पाशः सलिलराजस्य भ्रातुस्तव परिग्रहे ॥ ९८ ॥

---

96. 'Here is the treasure named Mahāpadma[4] brought from the lord of wealth. And the ocean gave a garland named Kiñjalkinī[5] made of unfading lotus flowers.

97. 'In your house stands the gold-showering umbrella of Varuṇa. And here is the excellent chariot that was formerly Prajāpati's.

98. By you, O Lord, Death's śakti weapon named Utkrāntidā[6] has been carried off. The noose of the ocean-king is among your brother's possessions

---

4. One of the nine treasures possessed by Kubera, the lord of wealth.

5. Kiñjalkinī means 'full of (fine) filaments'.

6. Literally meaning 'giving an exit' or 'granting departure' This weapon of Yama extracts the vital powers of creatures at the end of their lives.

निशुम्भस्याब्धिजाताश्च समस्ता रत्नजातयः ।
वह्निश्चापि ददौ तुभ्यमग्निशौचे च वाससी ॥ ९९ ॥

एवं दैत्येन्द्र रत्नानि समस्तान्याहृतानि ते ।
स्त्रीरत्नमेषा कल्याणी त्वया कस्मान्न गृह्यते ॥ १०० ॥

ऋषिरुवाच ॥ १०१ ॥

निशम्येति वचः शुम्भः स तदा चण्डमुण्डयोः ।
प्रेषयामास सुग्रीवं दूतं देव्या महासुरम् ॥ १०२ ॥

इति चेति च वक्तव्या सा गत्वा वचनान्मम ।
यथा चाभ्येति सम्प्रीत्या तथा कार्यं त्वया लघु ॥१०३॥

---

99. 'Nis'umbha has every kind of gem produced in the sea. Fire also gave you two garments which are purified by fire.

100. 'Thus, O Lord of asuras, all gems have been brought by you. Why this beautiful lady-jewel is not seized by you ?'

101-102. The Ṛṣi said : On hearing these words of Caṇḍa and Muṇḍa, S'umbha sent the great asura Sugrīva as messenger to the Devī.

103. He said : 'Go and tell her thus in my words and do the thing in such a manner that she may quickly come to me in love.'

स तत्र गत्वा यत्रास्ते शैलोद्देशेऽतिशोभने ।
सा देवी तां ततः प्राह श्लक्ष्णं मधुरया गिरा ॥ १०४ ॥

दूत उवाच ॥ १०५ ॥

देवि दैत्येश्वरः शुम्भस्त्रैलोक्ये परमेश्वरः ।
दूतोऽहं प्रेषितस्तेन त्वत्सकाशमिहागतः ॥ १०६ ॥

अव्याहताज्ञः सर्वासु यः सदा देवयोनिषु ।
निर्जिताखिलदैत्यारिः स यदाह शृणुष्व तत् ॥ १०७ ॥

मम त्रैलोक्यमखिलं मम देवा वशानुगाः ।
यज्ञभागानहं सर्वानुपाश्नामि पृथक् पृथक् ॥ १०८ ॥

---

104. He went there where the Devī was staying in a very beautiful spot on the mountain and spoke to her in fine and sweet words.

105-106. The messenger said : 'O Devī, S'umbha, lord of asuras, is the supreme sovereign of three worlds. Sent by him as messenger, I have come here to your presence.

107. 'Hearken to what has been said by him whose command is never resisted among the devas and who has vanquished all the foes of the asuras :

108. '(He says), "All the three worlds are mine and the devas are obedient to me. I enjoy all their hares in sacrifices separately.

त्रैलोक्ये वररत्नानि मम वश्यान्यशेषतः ।
तथैव गजरत्नं च हृतं देवेन्द्रवाहनम् ॥ १०९ ॥

क्षीरोदमथनोद्भूतमश्वरत्नं ममामरैः ।
उच्चैःश्रवससंज्ञं तत्प्रणिपत्य समर्पितम् ॥ ११० ॥

यानि चान्यानि देवेषु गन्धर्वेषूरगेषु च ।
रत्नभूतानि भूतानि तानि मय्येव शोभने ॥ १११ ॥

स्त्रीरत्नभूतां त्वां देवि लोके मन्यामहे वयम् ।
सा त्वमस्मानुपागच्छ यतो रत्नभुजो वयम् ॥ ११२ ॥

109-110. "All the choicest gems in the three worlds are in my possession; and so is the gem of elephants, Airāvata, the vehicle of the king of devas carried away be me. The devas themselves offered to me with salutations that gem of horses named Uccais'ravas which arose at the churning of milk-ocean.

111. "O beautiful lady, whatever other rare objects there existed among the devas, gandharvas and nāgas are now with me.

112. "We look upon you, O Devī, as the jewel of womankind in the world. You who are such, come to me, since we are the enjoyers of the best objects.

मां वा ममानुजं वापि निशुम्भमुरुविक्रमम् ।
भज त्वं चञ्चलापाङ्गि रत्नभूतासि वै यतः ॥ ११३ ॥

परमैश्वर्यमतुलं प्राप्स्यसे मत्परिग्रहात् ।
एतद्बुद्धया समालोच्य मत्परिग्रहतां व्रज ॥ ११४ ॥

ऋषिरुवाच ॥ ११५ ॥

इत्युक्ता सा तदा देवी गम्भीरान्तःस्मिता जगौ ।
दुर्गा भगवती भद्रा ययेदं धार्यते जगत् ॥ ११६ ॥

देव्युवाच ॥ ११७ ॥

---

113. "Take to me or to my younger brother Nis'umbha of great prowess, O unsteady-eyed lady, for you are in truth a jewel.

114. "Wealth, great and beyond compare, you will get by marrying me. Think over this in your mind, and become my wife."'

115-116. The Ṛṣi said: Thus told, Durgā the adorable and auspicious, by whom this universe is supported, then became serene and said.

117-118. The Devī said, 'You have spoken truth; nothing false has been uttered by you in this

सत्यमुक्तं त्वया नात्र मिथ्या किञ्चित्त्वयोदितम् ।
त्रैलोक्याधिपतिः शुम्भो निशुम्भश्चापि तादृशः ॥ ११८ ॥

किं त्वत्र यत्प्रतिज्ञातं मिथ्या तत्क्रियते कथम् ।
श्रूयतामल्पबुद्धित्वात्प्रतिज्ञा या कृता पुरा ॥ ११९ ॥

यो मां जयति सङ्ग्रामे यो मे दर्पं व्यपोहति ।
यो मे प्रतिबलो लोके स मे भर्ता भविष्यति ॥ १२० ॥

तदागच्छतु शुम्भोऽत्र निशुम्भो वा महासुरः ।
मां जित्वा किं चिरेणात्र पाणिं गृह्णातु मे लघु ॥१२१॥

---

matter. S'umbha is indeed the sovereign of the three worlds and likewise is also Nis'umbha.

119. 'But in this matter, how can that which has been promised be made false? Hear what promise I had made already out of foolishness.

120. "He who conquers me in battle, removes my pride and is my match in strength in the world shall be my husband."

121. 'So let S'umbha come here then, or Nis'umbha the great asura. Vanquishing me here, let him soon take my hand in marriage. Why delay?'

दूत उवाच ॥ १२२ ॥

अवलिप्तासि मैवं त्वं देवि ब्रूहि ममाग्रतः ।
त्रैलोक्ये कः पुमांस्तिष्ठेदग्रे शुम्भनिशुम्भयोः ॥ १२३ ॥

अन्येषामपि दैत्यानां सर्वे देवा न वै युधि ।
तिष्ठन्ति सम्मुखे देवि किं पुनः स्त्री त्वमेकिका ॥१२४॥

इन्द्राद्याः सकला देवास्तस्थुर्येषां न संयुगे ।
शुम्भादीनां कथं तेषां स्त्री प्रयास्यसि सम्मुखम् ॥१२५॥

सा त्वं गच्छ मयैवोक्ता पार्श्वं शुम्भनिशुम्भयोः ।
केशाकर्षणनिर्धूतगौरवा मा गमिष्यसि ॥ १२६ ॥

---

122. The messenger said: 'O Devī, you are haughty. Talk not so before me. Which man in the three worlds will stand before S'umbha and Nis'umbha?

124. 'All the devas verily cannot stand face to face with even the other asuras in battle. Why mention you, O Devī, a single woman?

125. 'Indra and all other devas could not stand in battle against S'umbha and other demons, how will you, a woman, face them?

126. 'On my word itself, you go to S'umbha and Nis'umbha. Let it not be that you go to them with your dignity lost by being dragged by your hair.'

देव्युवाच ॥ १२७ ॥

एवमेतद् बली शुम्भो निशुम्भश्चातिवीर्यवान् ।
किं करोमि प्रतिज्ञा मे यदनालोचिता पुरा ॥ १२८ ॥

स त्वं गच्छ मयोक्तं ते यदेतत्सर्वमादृतः ।
तदाचक्ष्वासुरेन्द्राय स च युक्तं करोतु यत् ॥ १२९ ॥

इति श्रीमार्कण्डेयपुराणे सावर्णिके मन्वन्तरे देवीमाहात्म्ये
देव्या दूतसंवादो नाम पञ्चमोऽध्यायः ॥ ५ ॥

127-128. The Devī said: 'Yes, it is; S'umbha is strong and so is Nis'umbha exceedingly heroic! What can I do since there stands my ill-considered vow taken long ago?

129. 'Go back, and tell the lord of asuras carefully all this that I have said; let him do whatever he considers proper.'

Here ends the fifth chapter called 'Devī's conversation with the messenger' of Devi-māhātmya in Mārkaṇḍeya-purāṇa during the period of Sāvarṇi, the manu.

अथ षष्ठोऽध्यायः

ऋषिरुवाच ॥ १ ॥

इत्याकर्ण्य वचो देव्याः स दूतोऽमर्षपूरितः ।
समाचष्ट समागम्य दैत्यराजाय विस्तरात् ॥ २ ॥

तस्य दूतस्य तद्वाक्यमाकर्ण्यासुरराट् ततः ।
सक्रोधः प्राह दैत्यानामधिपं धूम्रलोचनम् ॥ ३ ॥

हे धूम्रलोचनाशु त्वं स्वसैन्यपरिवारितः ।
तामानय बलाद्दुष्टां केशाकर्षणविह्वलाम् ॥ ४ ॥

1-2. The Ṛṣi said: The messenger, filled with indignation on hearing the words the Devī, returned and related them in detail to the king of the daityas.

3-4. Then the asura monarch, enraged on hearing that report from his messenger, told Dhūmralocana, a chieftain of the daityas: 'O Dhūmralocana, hasten together with your army and fetch here by force that shrew, distressed when dragged by her hair.

तत्परित्राणदः कश्चिद्यदि वोत्तिष्ठतेऽपरः ।
स हन्तव्योऽमरो वापि यक्षो गन्धर्व एव वा ॥ ५ ॥

ऋषिरुवाच ॥ ६ ॥

तेनाज्ञप्तस्ततः शीघ्रं स दैत्यो धूम्रलोचनः ।
वृतः षष्ट्या सहस्राणामसुराणां द्रुतं ययौ ॥ ७ ॥

स दृष्ट्वा तां ततो देवीं तुहिनाचलसंस्थिताम् ।
जगादोच्चैः प्रयाहीति मूलं शुम्भनिशुम्भयोः ॥ ८ ॥
न चेत्प्रीत्याद्य भवती मद्भर्तारमुपैष्यति ।
ततो बलान्नयाम्येष केशाकर्षणविह्वलाम् ॥ ९ ॥

---

5. 'Or if any one else stands up as her saviour, let him be slain, be he a god, a yakṣa or a gandharva.'

6-7. The Ṛṣi said: Then the asura Dhūmralocana, commanded thus by S'umbha, went forth quickly, accompanied by sixty thousand asuras.

8. On seeing the Devī stationed on the snowy mountain, he asked her aloud, 'Come to the presence of S'umbha and Nis'umbha.

9. 'If you will not go to my lord with pleasure now, here I take you by force, distressed when dragged by your hair.'

देव्युवाच ॥ १० ॥

दैत्येश्वरेण प्रहितो बलवान्बलसंवृतः ।
बलान्नयसि मामेवं ततः किं ते करोम्यहम् ॥ ११ ॥

ऋषिरुवाच ॥ १२ ॥

इत्युक्तः सोऽभ्यधावत्तामसुरो धूम्रलोचनः ।
हुङ्कारेणैव तं भस्म सा चकाराम्बिका ततः ॥ १३ ॥

अथ क्रुद्धं महासैन्यमसुराणां तथाम्बिकाम् ।
ववर्ष सायकैस्तीक्ष्णैस्तथा शक्तिपरश्वधैः ॥ १४ ॥

10-11. The Devī said: 'You are sent by the lord of the asuras, mighty yourself and accompanied by an army. If you thus take me by force, then what can I do to you?'

12-13. The Ṛṣi said: Thus told, the asura Dhumralocana rushed towards her and thereupon Ambikā reduced him to ashes with a mere heave of the sound 'hum'[1]

14. Then the great army of asuras became enraged and showered on Ambikā sharp arrows, javelins, and axes.

---

1. Humkāra is the utterance of the sound 'Hum' with which one shows contempt or anger.

ततो धुतसटः कोपात्कृत्वा नादं सुभैरवम् ।
पपातासुरसेनायां सिंहो देव्याः स्ववाहनः ॥ १५ ॥

कांश्चित्करप्रहारेण दैत्यानास्येन चापरान् ।
आक्रान्त्या चाधरेणान्यान् स जघान महासुरान् ॥१६॥

केषाञ्चित्पाटयामास नखैः कोष्ठानि केसरी ।
तथा तलप्रहारेण शिरांसि कृतवान्पृथक् ॥ १७ ॥

विच्छिन्नबाहुशिरसः कृतास्तेन तथापरे ।
पपौ च रुधिरं कोष्ठादन्येषां धुतकेसरः ॥ १८ ॥

---

15. Then the lion, vehicle of the Devī, shaking its mane in anger, and making the most terrific roar, fell on the army of the asuras.

16. Some asuras, it slaughtered with a blow of its fore paw, others with its mouth, and other great asuras, by treading over with its hind legs.

17. The lion, with its claws, tore out the hearts of some and severed heads with a blow of the paw

18. And it severed arms and heads from others, and shaking its mane drank the blood from the hearts of others.

क्षणेन तद्बलं सर्वं क्षयं नीतं महात्मना ।
तेन केसरिणा देव्या वाहनेनातिकोपिना ॥ १९ ॥

श्रुत्वा तमसुरं देव्या निहतं धूम्रलोचनम् ।
बलं च क्षयितं कृत्स्नं देवीकेसरिणा ततः ॥ २० ॥

चुकोप दैत्याधिपतिः शुम्भः प्रस्फुरिताधरः ।
आज्ञापयामास च तौ चण्डमुण्डौ महासुरौ ॥ २१ ॥

हे चण्ड हे मुण्ड बलैर्बहुलैः परिवारितौ ।
तत्र गच्छतं गत्वा च सा समानीयतां लघु ॥ २२ ॥

केशेष्वाकृष्य बद्ध्वा वा यदि वः संशयो युधि ।
तदाशेषायुधैः सर्वैरसुरैर्विनिहन्यताम् ॥ २३ ॥

---

19. In a moment all that army was destroyed by that high-spirited and exceedingly enraged lion who bore the Devī.

20-21. When S'umbha, the lord of asuras, heard that asura Dhūmralocana was slain by the Devi and all his army was destroyed by the lion of the Devī, he was infuriated, his lip quivered and he commanded the two mighty asuras Caṇḍa and Muṇḍa:

22-23. 'O Caṇḍa, O Muṇḍa, go there with large forces, and bring her here speedily, dragging her by

तस्यां हतायां दुष्टायां सिंहे च विनिपातिते ।
शीघ्रमागम्यतां बद्ध्वा गृहीत्वा तामथाम्बिकाम् ॥ २४ ॥

इति श्रीमार्कण्डेयपुराणे सावर्णिके मन्वन्तरे देवीमाहात्म्ये
धूम्रलोचनवधो नाम षष्ठोऽध्याय: ॥ ६ ॥

---

her hair or binding her. But if you have any doubt about doing that, then let the asuras strike (her) in the fight with all their weapons.

24. 'When that shrew is wounded and her lion stricken down, seize that Ambikā, bind and bring her quickly.'

Here ends the sixth chapter called 'The Slaying of Dhūmralocana' of Devi-māhātmya in Mārkaṇḍeyapurāṇa during the period of Sāvarṇi, the Manu.

अथ सप्तमोऽध्यायः ॥

ऋषिरुवाच ॥ १ ॥

आज्ञप्तास्ते ततो दैत्याश्चण्डमुण्डपुरोगमाः ।
चतुरङ्गबलोपेता ययुरभ्युद्यतायुधाः ॥ २ ॥

ददृशुस्ते ततो देवीमीषद्धासां व्यवस्थिताम् ।
सिंहस्योपरि शैलेन्द्रश्रृङ्गे महति काञ्चने ॥ ३ ॥

ते दृष्टा तां समादातुमुद्यमञ्चक्रुरुद्यताः ।
आकृष्टचापासिधरास्तथान्ये तत्समीपगाः ॥ ४ ॥

1-2. The Ṛṣi said: Then at his command the asuras, fully armed, and with Caṇḍa and Muṇḍa at their head, marched in fourfold array.

3. They saw the Devī, smiling gently, seated upon the lion on a huge golden peak of the great mountain.

4. On seeing her, some of them excited themselves and made an effort to capture her, and others approached her, with their bows bent and swords drawn.

ततः कोपं चकारोच्चैरम्बिका तानरीन्प्रति ।
कोपेन चास्या वदनं मषीवर्णमभूत्तदा ॥ ५ ॥

भ्रुकुटीकुटिलात्तस्या ललाटफलकाद्द्रुतम् ।
काली करालवदना विनिष्क्रान्तासिपाशिनी ॥ ६ ॥

विचित्रखट्वाङ्गधरा नरमालाविभूषणा ।
द्वीपिचर्मपरीधाना शुष्कमांसातिभैरवा ॥ ७ ॥

अतिविस्तारवदना जिह्वाललनभीषणा ।
निमग्नारक्तनयना नादापूरितदिङ्मुखा ॥ ८ ॥

---

5. Thereupon Ambikā became terribly angry with those foes, and in her anger her countenance then became dark as ink.

6. Out from the surface of her forehead, fierce with frown, issued suddenly Kālī of terrible countenance, armed with a sword and noose.

7-9. Bearing the strange skull-topped staff, decorated with a garland of skulls, clad in a tiger's skin, very appalling owing to her emaciated flesh, with gaping mouth, fearful with her tongue lolling out, having deep-sunk reddish eyes and filling the regions of the sky with her roars, and falling upon impetuously

सा वेगेनाभिपतिता घातयन्ती महासुरान् ।
सैन्ये तत्र सुरारीणामभक्षयत तद्बलम् ॥ ९ ॥

पार्ष्णिग्राहाङ्कुशग्राहियोधघण्टासमन्वितान् ।
समादायैकहस्तेन मुखे चिक्षेप वारणान् ॥ १० ॥

तथैव योधं तुरगै रथं सारथिना सह ।
निक्षिप्य वक्त्रे दशनैश्चर्वयत्यतिभैरवम् ॥ ११ ॥

एकं जग्राह केशेषु ग्रीवायामथ चापरम् ।
पादेनाक्रम्य चैवान्यमुरसान्यमपोथयत् ॥ १२ ॥

---

and slaughtering the great asuras in that army, she devoured those hosts of the foes of the devas.

10. Snatching the elephants with one hand she flung them into her mouth together with their rear men and drivers and their warrior-riders and bells.

11. Taking likewise into her mouth the cavalry with the horses, and chariot with its driver, she ground them most frightfully with her teeth.

12. She seized one by the hair and another by the neck; one she crushed by the weight of her foot, and another of her body.

तैर्मुक्तानि च शस्त्राणि महास्त्राणि तथासुरैः ।
मुखेन जग्राह रुषा दशनैर्मथितान्यपि ॥ १३ ॥

बलिनां तद्बलं सर्वमसुराणां दुरात्मनाम् ।
ममर्दाभक्षयच्चान्यानन्यांश्चाताडयत्तथा ॥ १४ ॥

असिना निहताः केचित्केचित्खट्वाङ्गताडिताः ।
जग्मुर्विनाशमसुरा दन्ताग्राभिहतास्तथा ॥ १५ ॥

क्षणेन तद्बलं सर्वमसुराणां निपातितम् ।
दृष्ट्वा चण्डोऽभिदुद्राव तां कालीमतिभीषणाम् ॥ १६ ॥

---

13. And she caught with her mouth the weapons and the great arms shot by those asuras and crunched them up with her teeth in her fury.

14. She destroyed all that host of mighty and evil-natured asuras, devoured some and battered others.

15. Some were killed with her sword, some were beaten with her skull-topped staff, and other asuras met their death being ground with the edge of her teeth.

16. On seeing all the hosts of asuras laid low in a moment, Caṇḍa rushed against that Kālī, who was exceedingly terrible

शरवर्षैर्महाभीमैर्भीमाक्षीं तां महासुरः ।
छादयामास चक्रैश्च मुण्डः क्षिप्तैः सहस्रशः ॥ १७ ॥

तानि चक्राण्यनेकानि विशमानानि तन्मुखम् ।
बभुर्यथाऽर्कबिम्बानि सुबहूनि घनोदरम् ॥ १८ ॥

ततो जहासातिरुषा भीमं भैरवनादिनी ।
काली करालवक्त्रान्तर्दुर्दर्शदशनोज्ज्वला ॥ १९ ॥

उत्थाय च महासिंहं देवी चण्डमधावत ।
गृहीत्वा चास्य केशेषु शिरस्तेनासिनाच्छिनत् ॥ २० ॥

---

17. The great asura (Caṇḍa) with very terrible showers of arrows, and Muṇḍa with discuses hurled in thousands covered that terrible-eyed (Devi).

18. Those numerous discuses, disappearing into her mouth, looked like numerous solar orbs disappearing into the midst of a cloud.

19. Thereat Kāli, who was roaring frightfully, whose fearful teeth were gleaming within her dreadful mouth, laughed terribly with exceeding fury.

20. Then the Devī, mounting upon her great lion, rushed at Caṇḍa, and seizing him by his hair, severed his head with her sword.

अथ मुण्डोऽभ्यधावत्तां दृष्ट्वा चण्डं निपातितम् ।
तमप्यपातयद्भूमौ सा खड्गाभिहतं रुषा ॥ २१ ॥

हतशेषं ततः सैन्यं दृष्ट्वा चण्डं निपातितम् ।
मुण्डं च सुमहावीर्यं दिशो भेजे भयातुरम् ॥ २२ ॥

शिरश्चण्डस्य काली च गृहीत्वा मुण्डमेव च ।
प्राह प्रचण्डाट्टहासमिश्रमभ्येत्य चण्डिकाम् ॥ २३ ॥

मया तवात्रोपहृतौ चण्डमुण्डौ महापशू ।
युद्धयज्ञे स्वयं शुम्भं निशुम्भं च हनिष्यसि ॥ २४ ॥

---

21. Seeing Caṇḍa laid low, Muṇḍa also rushed at her. She felled him also to the ground, striking him with her sword in her fury.

22. Seeing the most valiant Caṇḍa and Muṇḍa laid low, the remaining army there became panicky and fled in all directions.

23. And Kālī, holding the heads of Caṇḍa and Muṇḍa in her hands, approached Caṇḍikā and said, her words mingled with very loud laughter :

24. 'Here have I brought you the heads of Caṇḍa and Muṇḍa as two great animal offerings in this sacrifice of battle ; S'umbha and Nis'umbha, you shall yourself slay.'

ऋषिरुवाच ॥ २५ ॥

तावानीतौ ततो दृष्ट्वा चण्डमुण्डौ महासुरौ ।
उवाच कालीं कल्याणी ललितं चण्डिका वचः ॥ २६ ॥

यस्माच्चण्डं च मुण्डं च गृहीत्वा त्वमुपागता ।
चामुण्डेति ततो लोके ख्याता देवी भविष्यसि ॥ २७ ॥

इति श्रीमार्कण्डेयपुराणे सावर्णिके मन्वन्तरे देवीमाहात्म्ये चण्डमुण्डवधो नाम सप्तमोऽध्यायः ॥

25-27. The Ṛṣi said: Thereupon seeing those asuras, Caṇḍa and Muṇḍa brought to her, the auspicious Caṇḍikā said to Kālī these playful words: 'Because you have brought me both Caṇḍa and Muṇḍa, you, O Devī, shall be famed in the world by the name Cāmuṇḍā.'

Here ends the seventh chapter called 'The slaying of Caṇḍa and Muṇḍa' of Devī-māhātmya in Mārkaṇḍeyapurāṇa, during the period of Sāvarṇi, the Manu.

अथ अष्टमोऽध्यायः ॥

ऋषिरुवाच ॥ १ ॥

चण्डे च निहते दैत्ये मुण्डे च विनिपातिते ।
बहुलेषु च सैन्येषु क्षयितेष्वसुरेश्वरः ॥ २ ॥

ततः कोपपराधीनचेताः शुम्भः प्रतापवान् ।
उद्योगं सर्वसैन्यानां दैत्यानामादिदेश ह ॥ ३ ॥

अद्य सर्वबलैर्दैत्याः षडशीतिरुदायुधाः ।
कम्बूनां चतुरशीतिर्निर्यान्तु स्वबलैर्वृताः ॥ ४ ॥

1-3. The Ṛṣi said: After the daitya Caṇḍa was slain and Muṇḍa was laid low, and many of the battalions were destroyed, the lord of the asuras, powerful S'umbha, with mind overcome by anger, commanded then the mobilisation of all the daitya hosts:

4. 'Now let the eighty-six asuras—upraising their weapons—with all their forces, and the eighty-four Kambus,[1] surrounded by their own forces, go out.

---

1. Kambu is a family of asuras.

कोटिवीर्याणि पञ्चाशदसुराणां कुलानि वै ।
शतं कुलानि धौम्राणां निर्गच्छन्तु ममाज्ञया ॥ ५ ॥

कालका दौर्हृदा मौर्याः कालिकेयास्तथासुराः ।
युद्धाय सज्जा निर्यान्तु आज्ञया त्वरिता मम ॥ ६ ॥

इत्याज्ञाप्यासुरपतिः शुम्भो भैरवशासनः ।
निर्जगाम महासैन्यसहस्रैर्बहुभिर्वृतः ॥ ७ ॥

आयान्तं चण्डिका दृष्ट्वा तत्सैन्यमतिभीषणम् ।
ज्यास्वनैः पूरयामास धरणीगगनान्तरम् ॥ ८ ॥

---

5. 'Let the fifty asura families of Koṭivīryas[2] and the hundred families of Dhaumras[3] go forth at my command.

6. 'Let the asuras[4] Kālakas, Daurhṛdas, the Mauryas and the Kālakeyas hasten at my command and march forth ready for battle.'

7. After issuing these orders, S'umbha, the lord of the asuras and a ferocious ruler, went forth, attended by many thousands of big forces.

8. Seeing that most terrible army coming, Caṇḍikā filled into space between the earth and the sky with the twang of her bow-string.

2, 3. Koṭivīrya and Dhaumra (descendents of Dhaumra) are families of asuras.

4. Kālakas etc. are names of the families of asuras.

ततः सिंहो महानादमतीव कृतवान्नृप ।
घण्टास्वनेन तान्नादानम्बिका चोपबृंहयत् ॥ ९ ॥

धनुर्ज्यासिंहघण्टानां नादापूरितदिङ्मुखा ।
निनादैर्भीषणैः काली जिग्ये विस्तारितानना ॥१०॥

तं निनादमुपश्रुत्य दैत्यसैन्यैश्चतुर्दिशम् ।
देवी सिंहस्तथा काली सरोषैः परिवारिताः ॥ ११ ॥

एतस्मिन्नन्तरे भूप विनाशाय सुरद्विषाम् ।
भवायामरसिंहानामतिवीर्यबलान्विताः ॥ १२ ॥

---

9. Thereon her lion made an exceedingly loud roar, O King, and Ambikā magnified those roars with the clanging of her bell.

10. Kālī, expanding her mouth wide and filling the quarters with the sound (*hum*) overwhelmed the noises of her bow-string, lion and bell by her terrific roars.

11. On hearing that roar the enraged asura battalions surrounded the lion, the Devī (Caṇḍikā) and Kālī on all the four sides.

12-13. At this moment, O King, in order to annihilate the enemies of devas and for the well-being of the supreme devas, there issued forth, endowed

ब्रह्मेशगुहविष्णूनां तथेन्द्रस्य च शक्तयः ।
शरीरेभ्यो विनिष्क्रम्य तद्रूपैश्चण्डिकां ययुः ॥ १३ ॥

यस्य देवस्य यद्रूपं यथा भूषणवाहनम् ।
तद्वदेव हि तच्छक्तिरसुरान्योद्धुमाययौ ॥ १४ ॥

हंसयुक्तविमानाग्रे साक्षसूत्रकमण्डलुः ।
आयाता ब्रह्मणः शक्तिर्ब्रह्माणी साभिधीयते ॥ १५ ॥

---

with exceeding vigour and strength, S'aktis[5] from the bodies of Brahmā, S'iva, Guha,[6] Viṣṇu and Indra, and with the form of those devas went to Caṇḍikā.

14. Whatever was the form of each deva, and whatever his ornaments and vehicle, in that very form his s'akti advanced to fight with the asuras.

15. In a heavenly chariot drawn by swans advanced Brahmā's s'akti carrying a rosary and a Kamaṇḍalu. She is called Brahmāṇī.

---

5. Śaktis are the embodied forms of the powers of the respective devas.

6. Kumāra or Kārtikeya.

माहेश्वरी वृषारूढा त्रिशूलवरधारिणी ।
महाहिवलया प्राप्ता चन्द्ररेखाविभूषणा ॥ १६ ॥

कौमारी शक्तिहस्ता च मयूरवरवाहना ।
योद्धुमभ्याययौ दैत्यानम्बिका गुहरूपिणी ॥ १७ ॥

तथैव वैष्णवी शक्तिर्गरुडोपरि संस्थिता ।
शङ्खचक्रगदाशार्ङ्गखड्गहस्ताऽभ्युपाययौ ॥ १८ ॥

यज्ञवाराहमतुलं रूपं या बिभ्रतो हरेः ।
शक्तिः साप्याययौ तत्र वाराहीं बिभ्रती तनुम् ॥१९॥

---

16. Māhesvarī arrived, seated on a bull, holding a fine trident, wearing bracelets of great snakes and adorned with a digit of the moon.

17. Ambikā Kaumārī, in the form of Guha, holding a spear in hand riding on a fine peacock, advanced to attack the asuras.

18. Likewise the S'akti of Viṣṇu came, seated upon Garuḍa, holding conch, club, bow and sword in hand.

19. The S'akti of Hari, who assumed the incomparable form of a sacrificial boar, she also advanced there in a boar-like form.

नारसिंही नृसिंहस्य बिभ्रती सदृशं वपुः ।
प्राप्ता तत्र सटाक्षेपक्षिप्तनक्षत्रसंहतिः ॥ २० ॥

वज्रहस्ता तथैवैन्द्री गजराजोपरि स्थिता ।
प्राप्ता सहस्रनयना यथा शक्रस्तथैव सा ॥ २१ ॥

ततः परिवृतस्ताभिरीशानो देवशक्तिभिः ।
हन्यन्तामसुराः शीघ्रं मम प्रीत्याह चण्डिकाम् ॥ २२ ॥

ततो देवीशरीरात्तु विनिष्क्रान्तातिभीषणा ।
चण्डिका शक्तिरत्युग्रा शिवाशतनिनादिनी ॥ २३ ॥

---

20. Nārasiṁhī[7] arrived there, assuming a body like that of a Narasiṁha, bringing down the constellations by the toss of her mane.

21. Likewise the thousand-eyed Aindrī,[8] holding a thunderbolt in hand and riding on the lord of elephants arrived just like S'akra (Indra).

22. Then S'iva, surrounded by those s'aktis of the devas, said to Caṇḍikā, 'Let the asuras be killed forthwith by you for my gratification'.

23. Thereupon from the body of Devī issued forth the S'akti of Caṇḍikā, most terrific, exceedingly fierce and yelling like a hundred jackals.

---

7. Śakti of Viṣṇu in his incarnation as Man-Lion.

8. Śakti of Indra, Lord of the Gods.

सा चाह धूम्रजटिलमीशानमपराजिता ।
दूतस्त्वं गच्छ भगवन्पार्श्वं शुम्भनिशुम्भयोः ॥ २४ ॥

ब्रूहि शुम्भं निशुम्भं च दानवावतिगर्विंतौ ।
ये चान्ये दानवास्तत्र युद्धाय समुपस्थिताः ॥ २५ ॥

त्रैलोक्यमिन्द्रो लभतां देवाः सन्तु हविर्भुजः ।
यूयं प्रयात पातालं यदि जीवितुमिच्छथ ॥ २६ ॥

बलावलेपादथ चेद्भवन्तो युद्धकाङ्क्षिणः ।
तदागच्छत तृप्यन्तु मच्छिवाः पिशितेन वः ॥ २७ ॥

---

24. And that invincible (S'akti) told S'iva, of dark coloured matted locks, 'Go, my lord, as ambassador to the presence of S'umbha and Nis'umbha.

25. 'Tell the two haughty asuras, S'umbha and Nis'umbha, and the other asuras assembled there for battle.

26. "Let Indra obtain the three worlds and let the devas enjoy the sacrificial oblations. You go to the nether world, if you wish to live.

27. "But if through pride of strength you are anxious for battle, come on then. Let my jackals be satiated with your flesh." '

यतो नियुक्तो दौत्येन तया देव्या शिवः स्वयम् ।
शिवदूतीति लोकेऽस्मिंस्ततः सा ख्यातिमागता ॥२८॥

तेऽपि श्रुत्वा वचो देव्याः शर्वाख्यातं महासुराः ।
अमर्षापूरिता जग्मुर्यतः कात्यायनी स्थिता ॥ २९ ॥

ततः प्रथममेवाग्रे शरशक्त्यृष्टिवृष्टिभिः ।
ववर्षुरुद्धतामर्षास्तां देवीममरारयः ॥ ३० ॥

सा च तान् प्रहितान् बाणाञ्छूलशक्तिपरश्वधान् ।
चिच्छेद लीलयाध्मातधनुर्मुक्तैर्महेषुभिः ॥ ३१ ॥

---

28. Because that Devī appointed S'iva himself as ambassador thenceforth she became renowned in this world as S'iva-dūtī.[9]

29. Those great asuras, on their part, hearing the words of the Devī communicated by S'iva, were filled with indignation and went where Kātyāyanī[10] stood.

30. Then in the very beginning, the enraged foes of the devas poured in front on the Devī showers of arrows, javelins and spears.

31. And lightly, with the huge arrows shot from her full-drawn bow, she clove those arrows, spears, darts and axes hurled by them.

---

9. Literally one for whom Śiva is Dūta (ambassador).

10. A name of Caṇḍikā.

तस्याग्रतस्तथा काली शूलपातविदारितान् ।
खट्वाङ्गपोथितांश्चारीन्कुर्वती व्यचरत्तदा ॥ ३२ ॥

कमण्डलुजलाक्षेपहतवीर्यान् हतौजसः ।
ब्रह्माणी चाकरोच्छत्रून्येन येन स्म धावति ॥ ३३ ॥

माहेश्वरी त्रिशूलेन तथा चक्रेण वैष्णवी ।
दैत्याञ्जघान कौमारी तथा शक्त्याऽतिकोपना ॥३४॥

ऐन्द्री कुलिशपातेन शतशो दैत्यदानवाः ।
पेतुर्विदारिताः पृथ्व्यां रुधिरौघप्रवर्षिणः ॥ ३५ ॥

---

32. Then, in front of him (S'umbha), stalked Kālī, piercing the enemies to pieces with her spear and crushing them with her skull-topped staff.

33. And Brahmāṇī, wherever she moved, made the enemies bereft of valour and prowess by sprinkling on them the water from her Kamaṇḍalu.

34. The very wrathful Māhes'varī slew the daityas with her trident, and Vaiṣṇavī, with her discus, and Kaumārī, with her javelin.

35. Torn to pieces by the thunderbolt which come down upon them, hurled by Aindrī, daityas and dānavas fell on the earth in hundreds, streams of blood flowing out of them.

तुण्डप्रहारविध्वस्ता दंष्ट्राग्रक्षतवक्षसः ।
वाराहमूर्त्या न्यपतंश्चक्रेण च विदारिताः ॥ ३६ ॥

नखैर्विदारितांश्चान्यान् भक्षयन्ती महासुरान् ।
नारसिंही चचाराजौ नादापूर्णदिगम्बरा ॥ ३७ ॥

चण्डाट्टहासैरसुराः शिवदूत्यभिदूषिताः ।
पेतुः पृथिव्यां पतितांस्तांश्चखादाथ सा तदा ॥ ३८ ॥

इति मातृगणं क्रुद्धं मर्दयन्तं महासुरान् ।
दृष्ट्वाऽभ्युपायैर्विविधैर्नेशुर्देवारिसैनिकाः ॥ ३९ ॥

---

36. Shattered by the boar-formed goddess (Vārāhī) with blows of her snout, wounded in their chests by the point of her tusk and torn by her discus, (the asuras) fell down.

37. Nārasimhī, filling all the quarters and the sky with her roars, roamed about in the battle, devouring other great asuras torn by her claws.

38. Demoralised by the violent laughter of S'ivadūtī, the asuras fell down on the earth; she then devoured them who had fallen down.

39. Seeing the enraged band of Mātṛs crushing the great asuras thus by various means, the troops of the enemies of devas took to their heels.

पलायनपरान्दृष्ट्वा दैत्यान्मातृगणार्दितान् ।
योद्धुमभ्याययौ क्रुद्धो रक्तबीजो महासुरः ॥ ४० ॥

रक्तबिन्दुर्यदा भूमौ पतत्यस्य शरीरतः ।
समुत्पतति मेदिन्यां तत्प्रमाणस्तदासुरः ॥ ४१ ॥

युयुधे स गदापाणिरिन्द्रशक्त्या महासुरः ।
ततश्चैन्द्री स्ववज्रेण रक्तबीजमताडयत् ॥ ४२ ॥

कुलिशेनाहतस्याशु बहु सुस्राव शोणितम् ।
समुत्तस्थुस्ततो योधास्तद्रूपास्तत्पराक्रमाः ॥ ४३ ॥

---

40. Seeing the asuras harassed by the band of Mātṛs and fleeing, the great asura Raktabīja strode forward to fight in wrath.

41. Whenever from his body there fell to the ground a drop of blood, at that moment rose up from the earth asura of his stature.

42. The great asura fought with Indra's s'akti with club in his hand; then Aindrī also struck Raktabīja with her thunderbolt.

43. Blood flowed quickly and profusely from him who was wounded by the thunderbolt. From the blood rose up (fresh) combatants of his form and valour.

यावन्तः पतितास्तस्य शरीराद्रक्तबिन्दवः ।
तावन्तः पुरुषा जातास्तद्वीर्यबलविक्रमाः ॥ ४४ ॥

ते चापि युयुधुस्तत्र पुरुषा रक्तसम्भवाः ।
समं मातृभिरत्युग्रशस्त्रपातातिभीषणम् ॥ ४५ ॥

पुनश्च वज्रपातेन क्षतमस्य शिरो यदा ।
ववाह रक्तं पुरुषास्ततो जाताः सहस्रशः ॥ ४६ ॥

वैष्णवी समरे चैनं चक्रेणाभिजघान ह ।
गदया ताडयामास ऐन्द्री तमसुरेश्वरम् ॥ ४७ ॥

---

44. As many drops of blood fell from his body, so many persons came into being, with his courage, strength and valour.

45. And those persons also sprung up from his blood fought there with the Mātṛs in a more dreadful manner hurling the very formidable weapons.

46. And again when his head was wounded by the fall of her thunder-bolt, his blood flowed and therefrom were born persons in thousands.

47. Vaiṣṇavī struck him with her discus in the battle, Aindrī beat that lord of asuras with her club.

वैष्णवीचक्रभिन्नस्य रुधिरस्रावसम्भवैः ।
सहस्रशो जगद्व्याप्तं तत्प्रमाणैर्महासुरैः ॥ ४८ ॥

शक्त्या जघान कौमारी वाराही च तथाऽसिना ।
माहेश्वरी त्रिशूलेन रक्तबीजं महासुरम् ॥ ४९ ॥

स चापि गदया दैत्यः सर्वा एवाहनत् पृथक् ।
मातॄः कोपसमाविष्टो रक्तबीजो महासुरः ॥ ५० ॥

तस्याहतस्य बहुधा शक्तिशूलादिभिर्भुवि ।
पपात यो वै रक्तौघस्तेनासञ्छतशोऽसुराः ॥ ५१ ॥

---

48. The world was pervaded by thousands of great asuras who were of his stature and who rose up from the blood that flowed from him when cloven by the discus of Vaiṣṇavī.

49. Kaumārī struck the great asura Raktabīja with her spear, Vārāhī with her sword, and Māheśvarī with her trident.

50. And Raktabīja, that great asura also, filled with wrath, struck everyone of the Mātṛs severally with his club.

51. From the stream of blood which fell on the earth from him when he received multiple wounds by the spears, darts and other weapons, hundreds of asuras came into being.

तैश्चासुरासृक्सम्भूतैरसुरैः सकलं जगत् ।
व्याप्तमासीत्ततो देवा भयमाजग्मुरुत्तमम् ॥ ५२ ॥

तान् विषण्णान् सुरान् दृष्ट्वा चण्डिका प्राहसत्त्वरा ।
उवाच कालीं चामुण्डे विस्तीर्णं वदनं कुरु ॥ ५३ ॥

मच्छस्त्रपातसम्भूतान् रक्तबिन्दून् महासुरान् ।
रक्तबिन्दोः प्रतीच्छ त्वं वक्त्रेणानेन वेगिता ॥ ५४ ॥

भक्षयन्ती चर रणे तदुत्पन्नान्महासुरान् ।
एवमेष क्षयं दैत्यः क्षीणरक्तो गमिष्यति ॥ ५५ ॥

---

52. And those asuras that were born from the blood of Raktabīja pervaded the whole world; the devas got intensely alarmed at this.

53-54. Seeing the devas dejected, Caṇḍikā laughed and said to Kālī, 'O Cāmuṇḍā, open out your mouth wide; with this mouth quickly take in the drops of blood generated by the blow of my weapon and (also) the great asuras born of the drops of blood of Raktabīja.

55. 'Roam about in the battle-field, devouring the great asuras that spring from him. So shall this daitya, with his blood emptied, perish.

भक्ष्यमाणास्त्वया चोग्रा न चोत्पत्स्यन्ति चापरे ।
इत्युक्त्वा तां ततो देवी शूलेनाभिजघान तम् ॥ ५६ ॥

मुखेन काली जगृहे रक्तबीजस्य शोणितम् ।
ततोऽसावाजघानाथ गदया तत्र चण्डिकाम् ॥ ५७ ॥

न चास्या वेदनां चक्रे गदापातोऽल्पिकामपि ।
तस्याहतस्य देहात्तु बहु सुस्राव शोणितम् ॥ ५८ ॥

यतस्ततस्तद्वक्त्रेण चामुण्डा सम्प्रतीच्छति ।
मुखे समुद्गता येऽस्या रक्तपातान्महासुराः ॥ ५९ ॥
तांश्चखादाथ चामुण्डा पपौ तस्य च शोणितम् ॥ ६० ॥

---

56. 'As you go on devouring these, other fierce (asuras) will not be born.' Having enjoined her thus, the Devī next smote him (Raktabīja) with her dart.

57. Then Kālī drank Raktabīja's blood with her mouth. Then and there he struck Caṇḍikā with his club.

58-60. The blow of his club caused her not even the slightest pain. And from his stricken body wherever blood flowed copiously, there Camuṇḍā swallowed it with her mouth. The Cāmuṇḍā devoured those great asuras who sprang up from the flow of blood in her mouth, and drank his (Raktabīja's) blood.

देवी शूलेन वज्रेण बाणैरसिभिर्ऋष्टिभिः ।
जघान रक्तबीजं तं चामुण्डापीतशोणितम् ॥ ६१ ॥

स पपात महीपृष्ठे शस्त्रसङ्घसमाहतः ।
नीरक्तश्च महीपाल रक्तबीजो महासुरः ॥ ६२ ॥

ततस्ते हर्षमतुलमवापुस्त्रिदशा नृप ।
तेषां मातृगणो जातो ननर्तासृङ्मदोद्धतः ॥ ६३ ॥

इति श्रीमार्कण्डेयपुराणे सावर्णिके मन्वन्तरे देवीमाहात्म्ये
रक्तबीजवधो नाम अष्टमोऽध्यायः ॥ ८ ॥

---

61. The Devī (Kaus'ikī) smote Raktabīja with her dart, thunderbolt, arrows, swords and spears, when Cāmuṇḍa went on drinking his blood.

62. Stricken with a multitude of weapons and bloodless, the great asura (Raktabīja) fell on the ground, O King.

63. Thereupon the devas attained great joy, O King. The band of Mātṛs who sprang from them danced, being intoxicated with blood.

Here ends the eighth chapter called 'The Slaying of Raktabīja' of Devī-māhātmya in Mārkaṇḍeya-purāṇa, during the period of Sāvarṇi, the Manu.

अथ नवमोऽध्यायः ॥

राजोवाच ॥ १ ॥

विचित्रमिदमाख्यातं भगवन् भवता मम ।
देव्याश्चरितमाहात्म्यं रक्तबीजवधाश्रितम् ॥ २ ॥

भूयश्चेच्छाम्यहं श्रोतुं रक्तबीजे निपातिते ।
चकार शुम्भो यत्कर्म निशुम्भश्चातिकोपनः ॥ ३ ॥

ऋषिरुवाच ॥ ४ ॥

चकार कोपमतुलं रक्तबीजे निपातिते ।
शुम्भासुरो निशुम्भश्च हतेष्वन्येषु चाहवे ॥ ५ ॥

1-2. The king (Suratha) said: 'Wonderful is this that you, adorable sir, have related to me about the greatness of the Devī's act in slaying Raktabīja.

3. 'I wish to hear further what the very irate S'umbha and Nis'umbha did after Raktabīja was killed.'

4-5. The Ṛṣi said: After Raktabīja was slain and other asuras were killed in the fight, the asura S'umbha and Nis'umbha gave way to unbounded wrath.

हन्यमानं महासैन्यं विलोक्यामर्षमुद्वहन् ।
अभ्यधावन्निशुम्भोऽथ मुख्ययासुरसेनया ॥ ६ ॥

तस्याग्रतस्तथा पृष्ठे पार्श्वयोश्च महासुराः ।
सन्दष्टौष्ठपुटाः क्रुद्धा हन्तुं देवीमुपाययुः ॥ ७ ॥

आजगाम महावीर्यः शुम्भोऽपि स्वबलैर्वृतः ।
निहन्तुं चण्डिकां कोपात्कृत्वा युद्धं तु मातृभिः ॥ ८ ॥

ततो युद्धमतीवासीद्देव्या शुम्भनिशुम्भयोः ।
शरवर्षमतीवोग्रं मेघयोरिव वर्षतोः ॥ ९ ॥

---

6. Enraged on seeing his great army slaughtered, Nis'umbha then rushed forward with the chief forces of the asuras.

7. In front of him, behind him and on both sides of him, great asuras, enraged and biting their lips, advanced to slay the Devī.

8. S'umbha also, mighty in valour, went forward, surrounded, with his own troops to slay Caṇḍikā in his rage, after fighting with the Mātṛs.

9. Then commenced severe combat between the Devī on one side and on the other, S'umbha and Nis'umbha who, like two thunder-clouds, rained a most tempestuous shower of arrows on her.

चिच्छेदास्तान्छरांस्ताभ्यां चण्डिका स्वशरोत्करैः ।
ताडयामास चाङ्गेषु शस्त्रौघैरसुरेश्वरौ ॥ १० ॥

निशुम्भो निशितं खड्गं चर्म चादाय सुप्रभम् ।
अताडयन्मूर्ध्नि सिंहं देव्या वाहनमुत्तमम् ॥ ११ ॥

ताडिते वाहने देवी क्षुरप्रेणासिमुत्तमम् ।
निशुम्भस्याशु चिच्छेद चर्म चाप्यष्टचन्द्रकम् ॥ १२ ॥

छिन्ने चर्मणि खड्गे च शक्तिं चिक्षेप सोऽसुरः ।
तामप्यस्य द्विधा चक्रे चक्रेणाभिमुखागताम् ॥ १३ ॥

---

10. Caṇḍikā with numerous arrows quickly split the arrows shot by the two asuras and smote the two lords of asuras on their limbs with her mass of weapons.

11. Nis'umbha, grasping a sharp sword and a shining shield, struck the lion, the great carrier of the Devī on the head.

12. When her carrier was struck, the Devī quickly cut Nis'umbha's superb sword with a sharp-edged arrow and also his shield on which eight moons were figured.

13. When his shield was split and his sword too broken, the asura hurled his spear; and that missile also, as it advanced towards her, was split into two by her discus.

कोपाध्मातो निशुम्भोऽथ शूलं जग्राह दानवः ।
आयान्तं मुष्टिपातेन देवी तच्चाप्यचूर्णयत् ॥ १४ ॥

आविद्ध्याथ गदां सोऽपि चिक्षेप चण्डिकां प्रति ।
सापि देव्या त्रिशूलेन भिन्ना भस्मत्वमागता ॥ १५ ॥

ततः परशुहस्तं तमायान्तं दैत्यपुङ्गवम् ।
आहत्य देवी बाणौघैरपातयत भूतले ॥ १६ ॥

तस्मिन्निपतिते भूमौ निशुम्भे भीमविक्रमे ।
भ्रातर्यतीव संक्रुद्धः प्रययौ हन्तुमम्बिकाम् ॥ १७ ॥

---

14. Then the dānava Nis'umbha, swelling with wrath, seized a dart; and that also, as it came, the Devī powdered with a blow of her fist.

15. Then brandishing his club, he flung it against Caṇḍikā; cleft by the trident of the Devī, it also turned to ashes.

16. Then the Devī assailed the heroic dānava advancing with battle-axe in hand, and laid him low on the ground.

17. When his brother Nis'umbha of terrific prowess fell to the ground, (S'umbha) got infuriated in the extreme, and strode forward to slay Ambikā.

स रथस्थस्तथात्युच्चैर्गृहीतपरमायुधैः ।
भुजैरष्टाभिरतुलैर्व्याप्याशेषं बभौ नभः ॥ १८ ॥

तमायान्तं समालोक्य देवी शङ्खमवादयत् ।
ज्याशब्दं चापि धनुषश्चकारातीव दुःसहम् ॥ १९ ॥

पूरयामास ककुभो निजघण्टास्वनेन च ।
समस्तदैत्यसैन्यानां तेजोवधविधायिना ॥ २० ॥

ततः सिंहो महानादैस्त्याजितेभमहामदैः ।
पूरयामास गगनं गां तथोपदिशो दश ॥ २१ ॥

---

18. Standing in his chariot and grasping excellent weapons in his long and incomparable eight arms, he shone by pervading the entire sky.

19. Seeing him approaching, the Devī blew her conch, and made a twang of her bow-string, which was unbearable in the extreme.

20. And (the Devī) filled all directions with the ringing of her bell, which destroys the strength of all the daitya hosts.

21. The lion filled the heaven, the earth and the ten quarters of the sky with loud roars, which made the elephants give up their violent rut.

ततः काली समुत्पत्य गगनं क्ष्मामताडयत् ।
कराभ्यां तन्निनादेन प्राक्स्वनास्ते तिरोहिताः ॥ २२ ॥

अट्टाट्टहासमशिवं शिवदूती चकार ह ।
तैः शब्दैरसुरास्त्रेसुः शुम्भः कोपं परं ययौ ॥ २३ ॥

दुरात्मंस्तिष्ठ तिष्ठेति व्याजहाराम्बिका यदा ।
तदा जयेत्यभिहितं देवैराकाशसंस्थितैः ॥ २४ ॥

शुम्भेनागत्य या शक्तिर्मुक्ता ज्वालातिभीषणा ।
आयान्ती वह्निकूटाभा सा निरस्ता महोल्कया ॥ २५ ॥

---

22. Then Kalī, springing upwards in the sky, (came down) and struck the earth with both her hands; by its noise all the previous sounds were drowned.

23. S'ivadūtī made a loud ominous peal of laughter. The asuras were frightened by those sounds, and S'umbha flew into an utmost rage.

24. As Ambikā said, 'O evil-natured one, stop, stop', the devas stationed in the sky cheered her with the words, 'Be victorious.'

25. The spear, flaming most terribly and shining like a mass of fire, which S'umbha approaching hurled was, as it was coming along, put out by a great fire-brand (from the Devī).

सिंहनादेन शुम्भस्य व्याप्तं लोकत्रयान्तरम् ।
निर्घातनिःस्वनो घोरो जितवानवनीपते ॥ २६ ॥

शुम्भमुक्ताञ्छरान्देवी शुम्भस्तत्प्रहिताञ्छरान् ।
चिच्छेद स्वशरैरुग्रैः शतशोऽथ सहस्रशः ॥ २७ ॥

ततः सा चण्डिका क्रुद्धा शूलेनाभिजघान तम् ।
स तदाभिहतो भूमौ मूर्च्छितो निपपात ह ॥ २८ ॥

ततो निशुम्भः सम्प्राप्य चेतनामात्तकार्मुकः ।
आजघान शरैर्देवीं कालीं केसरिणं तथा ॥ २९ ॥

---

26. The interspace between the three worlds was pervaded by S'umbha's lion-like roar, but the dreadful thunder-clap (of the Devī) smothered that, O King.

27. The Devī split the arrows shot by S'umbha, and S'umbha also split the arrows discharged by her, (each with her and his) sharp arrows in hundreds and thousands.

28. Then Caṇḍikā became angry and smote him with a trident. Wounded therewith, he fainted and fell to the ground.

29. Then Nis'umbha, regaining consciousness, seized his bow and struck with arrows the Devī[1] and Kāli and the lion.

1. Caṇḍikā.

पुनश्च कृत्वा बाहूनामयुतं दनुजेश्वरः ।
चक्रायुधेन दितिजश्छादयामास चण्डिकाम् ॥ ३० ॥

ततो भगवती क्रुद्धा दुर्गा दुर्गार्तिनाशिनी ।
चिच्छेद तानि चक्राणि स्वशरैः सायकांश्च तान् ॥ ३१ ॥

ततो निशुम्भो वेगेन गदामादाय चण्डिकाम् ।
अभ्यधावत वै हन्तुं दैत्यसेनासमावृतः ॥ ३२ ॥

तस्यापतत एवाशु गदां चिच्छेद चण्डिका ।
खड्गेन शितधारेण स च शूलं समाददे ॥ ३३ ॥

---

30. And the danuja-lord, the son of Diti, putting forth a myriad arms, covered Caṇḍikā with myriad discuses.

31. Then Bhagavatī Durgā, the destroyer of difficulties and afflictions, became angry and split those discuses and those arrows with her own arrows.

32. Thereupon Nisumbha, surrounded by the daitya host, swiftly seizing his club, rushed at Caṇḍikā to slay her.

33. As he was just rushing at her, Caṇḍikā clove his club with her sharp-edged sword; and he took hold of a dart.

शूलहस्तं समायान्तं निशुम्भममरार्दनम् ।
हृदि विव्याध शूलेन वेगाविद्धेन चण्डिका ॥ ३४ ॥

भिन्नस्य तस्य शूलेन हृदयान्निःसृतोऽपरः ।
महाबलो महावीर्यस्तिष्ठेति पुरुषो वदन् ॥ ३५ ॥

तस्य निष्क्रामतो देवी प्रहस्य स्वनवत्ततः ।
शिरश्चिच्छेद खड्गेन ततोऽसावपतद्भुवि ॥ ३६ ॥

ततः सिंहश्चखादोग्रदंष्ट्राक्षुण्णशिरोधरान् ।
असुरांस्तांस्तथा काली शिवदूती तथापरान् ॥ ३७ ॥

कौमारीशक्तिनिर्भिन्नाः केचिन्नेशुर्महासुराः ।
ब्रह्माणीमन्त्रपूतेन तोयेनान्ये निराकृताः ॥ ३८ ॥

---

34. As Nis'umbha, the afflictor of the devas, was advancing with the dart in hand, Caṇḍikā pierced him in the heart with a swiftly hurled dart.

35. From his (Nis'umbha's) heart that was pierced by the dart, issued forth another person of great strength and valour, exclaiming (at the Devī) 'Stop.'

36. Then the Devī, laughing aloud, severed the head of him, who issued forth, with her sword. Thereupon he fell to the ground.

37. The lion then devoured those asuras whose necks he had crushed with his fierce teeth, and Kālī and S'ivadūtī devoured others.

38. Some great asuras perished, being pierced through by the spear of Kaumārī. Others were repulsed

माहेश्वरीत्रिशूलेन भिन्नाः पेतुस्तथापरे ।
वाराहीतुण्डघातेन केचिच्चूर्णीकृता भुवि ॥ ३९ ॥

खण्डं खण्डं च चक्रेण वैष्णव्या दानवाः कृताः ।
वज्रेण चैन्द्रीहस्ताग्रविमुक्तेन तथापरे ॥ ४० ॥

केचिद्विनेशुरसुराः केचिन्नष्टा महाहवात् ।
भक्षिताश्चापरे कालीशिवदूतीमृगाधिपैः ॥ ४१ ॥

इति श्रीमार्कण्डेयपुराणे सावर्णिके मन्वन्तरे देवीमाहात्म्ये
निशुम्भवधो नाम नवमोऽध्यायः ॥ ९ ॥

---

by (sprinkling of) the water purified by the incantation of Brahmāṇī.

39. Others fell, pierced by a trident wielded by Māhes'varı; some were powdered on the ground by the blows from the snout of Varāhī.

40. Some dānavas were cut to pieces by the discus of Vaiṣṇavī, and others again by the thunderbolt discharged from the palm of Aindrī.

41. Some asuras perished (themselves), some fled from the great battle, and others were devoured by Kālī, S'ivadūtī and the lion.

Here ends the ninth chapter called 'The Slaying of Nis'umbha' of Devī māhātmya in Mārkaṇḍeya-purāṇa during the period of Sāvarṇi, the Manu.

अथ दशमोऽध्यायः ॥

ऋषिरुवाच ॥ १ ॥

निशुम्भं निहतं दृष्ट्वा भ्रातरं प्राणसम्मितम् ।
हन्यमानं बलं चैव शुम्भः क्रुद्धोऽब्रवीद्वचः ॥ २ ॥

बलावलेपदुष्टे त्वं मा दुर्गे गर्वमावह ।
अन्यासां बलमाश्रित्य युद्ध्यसे यातिमानिनी ॥ ३ ॥

देव्युवाच ॥ ४ ॥

एकैवाहं जगत्यत्र द्वितीया का ममापरा ।
पश्यैता दुष्ट मय्येव विशन्त्यो मद्विभूतयः ॥ ५ ॥

1-3. The Ṛṣi said: Seeing his brother Nis'umbha slain, who was dear to him as his life, and his army being slaughtered, S'umbha angrily said, 'O Durgā, who are puffed up with the pride of strength, don't show your pride (here). Though you are exceedingly haughty, you, resorting to the strength of others, fight.'

4-5. The Devī said: 'I am all alone in the world here. Who else is there besides me? See, O vile one,

ततः समस्तास्ता देव्यो ब्रह्माणीप्रमुखा लयम् ।
तस्या देव्यास्तनौ जग्मुरेकैवासीत्तदाम्बिका ॥ ६ ॥

देव्युवाच ॥ ७ ॥

अहं विभूत्या बहुभिरिह रूपैर्यदास्थिता ।
तत्संहृतं मयैकैव तिष्ठाम्याजौ स्थिरो भव ॥ ८ ॥

ऋषिरुवाच ॥ ९ ॥

ततः प्रववृते युद्धं देव्याः शुम्भस्य चोभयोः ।
पश्यतां सर्वदेवानामसुराणां च दारुणम् ॥ १० ॥

---

these Goddesses, who are but my own powers, entering into my own self!'

6. Then all those, Brahmāṇī and the rest, were absorbed in the body of the Devī. Ambikā alone then remained.

7-8. The Devī said: 'The numerous forms which I projected by my power here—those have been withdrawn by me, and (now) I stand alone. Be steadfast in combat.'

9-10. The Ṛṣi said: Then began a dreadful battle between them both, the Devī and S'umbha, while all the devas and asuras looked on.

शरवर्षैः शितैः शस्त्रैस्तथास्त्रैश्चैव दारुणैः ।
तयोर्युद्धमभूद्भूयः सर्वलोकभयङ्करम् ॥ ११ ॥

दिव्यान्यस्त्राणि शतशो मुमुचे यान्यथाम्बिका ।
बभञ्ज तानि दैत्येन्द्रस्तत्प्रतीघातकर्तृभिः ॥ १२ ॥

मुक्तानि तेन चास्त्राणि दिव्यानि परमेश्वरी ।
बभञ्ज लीलयैवोग्रहुङ्कारोच्चारणादिभिः ॥ १३ ॥

ततः शरशतैर्देवीमाच्छादयत सोऽसुरः ।
सापि तत्कुपिता देवी धनुश्चिच्छेद चेषुभिः ॥ १४ ॥

---

11. With showers of arrows, with sharp weapons and frightful missiles, both engaged again in a combat that frightened all the worlds.

12. Then the lord of daityas broke the divine missiles, which Ambikā discharged in hundreds, with (weapons) that repulsed them.

13. With fierce shout of *hum* and the like, the Parameśvarī playfully broke the excellent missiles that he discharged.

14. Then the asura covered the Devī with hundreds of arrows, and the Devī in wrath split his bow with her arrows.

छिन्ने धनुषि दैत्येन्द्रस्तथा शक्तिमथाददे ।
चिच्छेद देवी चक्रेण तामप्यस्य करे स्थिताम् ॥ १५ ॥

ततः खड्गमुपादाय शतचन्द्रं च भानुमत् ।
अभ्यधावत्तदा देवीं दैत्यनामधिपेश्वरः ॥ १६ ॥

तस्यापतत एवाशु खड्गं चिच्छेद चण्डिका ।
धनुर्मुक्तैः शितैर्बाणैश्चर्म चार्ककरामलम् ॥ १७ ॥

हताश्वः स तदा दैत्यश्छिन्नधन्वा विसारथिः ।
जग्राह मुद्गरं घोरमम्बिकानिधनोद्यतः ॥ १८ ॥

---

15. And when the bow was split the lord of the daityas took up his spear. With a discus, the Devī split that (spear) also in his hand.

16. Next the supreme monarch of the daityas, taking his sword bright like the sun and shining shield bearing the images of a hundred moons, rushed at the Devī at that moment.

17. Just as he was rushing forward, Caṇḍikā split his sword with sharp arrows shot from her bow, as also his shield as bright as the solar rays.

18. With his steeds slain, with his bow broken, without a charioteer, the daitya then grasped his terrible mace, being ready to kill Ambikā.

चिच्छेदापततस्तस्य मुद्गरं निशितैः शरैः ।
तथापि सोऽभ्यधावत्तां मुष्टिमुद्यम्य वेगवान् ॥ १९ ॥

स मुष्टिं पातयामास हृदये दैत्यपुङ्गवः ।
देव्यास्तं चापि सा देवी तलेनोरस्यताडयत् ॥ २० ॥

तलप्रहाराभिहतो निपपात महीतले ।
स दैत्यराजः सहसा पुनरेव तथोत्थितः ॥ २१ ॥

उत्पत्य च प्रगृह्योच्चैर्देवीं गगनमास्थितः ।
तत्रापि सा निराधारा युयुधे तेन चण्डिका ॥ २२ ॥

---

19. With sharp arrows, she split the mace of S'umbha, who was rushing at her. Even then, raising his fist, he rushed swiftly at her.

20. The daitya-lord brought his fist down on the heart of the Devī, and the Devī also with her palm smote him on his chest.

21. The daitya-king, wounded by the blow of her palm, fell on the earth, but immediately he rose up again.

22. Seizing the Devī, he sprang up and mounted on high into the sky. There also Caṇḍikā, without any support, fought with him.

नियुद्धं खे तदा दैत्यश्चण्डिका च परस्परम् ।
चक्रतुः प्रथमं सिद्धमुनिविस्मयकारकम् ॥ २३ ॥

ततो नियुद्धं सुचिरं कृत्वा तेनाम्बिका सह ।
उत्पाट्य भ्रामयामास चिक्षेप धरणीतले ॥ २४ ॥

स क्षिप्तो धरणीं प्राप्य मुष्टिमुद्यम्य वेगतः ।
अभ्यधावत दुष्टात्मा चण्डिकानिधनेच्छया ॥ २५ ॥

तमायान्तं ततो देवी सर्वदैत्यजनेश्वरम् ।
जगत्यां पातयामास भित्वा शूलेन वक्षसि ॥ २६ ॥

---

23. Then the daitya (S'umbha) and Caṇḍikā fought, as never before, with each other in the sky in a close contact, which wrought surprise to the Siddhas[1] and sages

24. Ambikā then, after carrying on a close fight for a very long time with him, lifted him up, whirled him around and flung him down on the earth.

25. Flung thus, the evil-natured (S'umbha) reaching the earth and raising his fist, hastily rushed forward desiring to kill Caṇḍikā.

26. Seeing that lord of all the daitya-folk approaching, the Devī, piercing him on the chest with a dart, threw him down on the earth.

1. A class of divine beings.

स गतासुः पपातोर्व्यां देवी शूलाग्रविक्षतः ।
चालयन् सकलां पृथ्वीं साब्धिद्वीपां सपर्वताम् ॥ २७ ॥

ततः प्रसन्नमखिलं हते तस्मिन् दुरात्मनि ।
जगत्स्वास्थ्यमतीवाप निर्मलं चाभवन्नभः ॥ २८ ॥

उत्पातमेघाः सोल्का ये प्रागासंस्ते शमं ययुः ।
सरितो मार्गवाहिन्यस्तथासंस्तत्र पातिते ॥ २९ ॥

ततो देवगणाः सर्वे हर्षनिर्भरमानसाः ।
बभूवुर्निहते तस्मिन् गन्धर्वा ललितं जगुः ॥ ३० ॥

---

27. Pierced by the pointed dart of the Devī he fell lifeless on the ground, shaking the entire earth with its seas, islands and mountains.

28. When that evil-natured (asura) was slain, the universe became happy and regained perfect peace, and the sky grew clear.

29. Flaming portent-clouds that were in evidence before became tranquil, and the rivers kept within their courses when (S'umbha) was stricken down there.

30. When he had been slain, the minds of all the bands of devas became overjoyed, and the Gandharvas sang sweetly.

2. Divine minstrels.

अवादयंस्तथैवान्ये ननृतुश्चाप्सरोगणाः ।
ववुः पुण्यास्तथा वाताः सुप्रभोऽभूद्दिवाकरः ॥ ३१ ॥

जज्वलुश्चाग्नयः शान्ताः शान्तदिग्जनितस्वनाः ॥ ३२ ॥

इति श्रीमार्कण्डेयपुराणे सावर्णिके मन्वन्तरे देवीमाहात्म्ये
शुम्भवधो नाम दशमोऽध्यायः ॥ १० ॥

31-32. Others sounded (their instruments), and the bands of nymphs danced; likewise favourable winds blew; the sun became very brilliant; the sacred fires blazed peacefully and tranquil became the strange sounds that had risen in different quarters.

Here ends the tenth chapter called 'The Slaying of S'umbha' of Devi-māhātmya in Mārkaṇḍeya-purāṇa, during the period of Sāvarṇi, the Manu.

अथ एकादशोऽध्यायः ॥

ऋषिरुवाच ॥ १ ॥

देव्या हते तत्र महासुरेन्द्रे
सेन्द्राः सुरा वह्निपुरोगमास्ताम् ।
कात्यायनीं तुष्टुवुरिष्टलाभा-
द्विकासिवक्त्राब्जविकासिताशाः ॥ २ ॥

देवि प्रपन्नार्तिहरे प्रसीद
प्रसीद मातर्जगतोऽखिलस्य ।
प्रसीद विश्वेश्वरि पाहि विश्वं
त्वमीश्वरी देवि चराचरस्य ॥ ३ ॥

1-2. The Ṛṣi said: When the great lord of asuras was slain there by the Devī, Indra and other devas led by Agni, with their object fulfilled and their cheerful faces illumining the quarters, praised her, Kātyāyanī:[1]

3. 'O Devī, you who remove the sufferings of your suppliants, be gracious. Be propitious, O Mother of the whole world. Be gracious, O Mother of the

---

1. There is an eulogy of this hymn in the Lakṣmī-tantra. Lakṣmī tells Indra the wonderful results of chanting it.

आधारभूता जगतस्त्वमेका
महीस्वरूपेण यतः स्थितासि ।
अपां स्वरूपस्थितया त्वयैत-
दाप्यायते कृत्स्नमलङ्घ्यवीर्ये ॥ ४ ॥

त्वं वैष्णवीशक्तिरनन्तवीर्या
विश्वस्य बीजं परमासि माया ।
सम्मोहितं देवि समस्तमेत-
त्त्वं वै प्रसन्ना भुवि मुक्तिहेतुः ॥ ५ ॥

---

universe. Protect the universe. You are, O Devī, the ruler of all that is moving and unmoving.

4. 'You are the sole substratum of the world, because you subsist in the form of the earth. By you, who exist in the shape of water, all this (universe) is gratified, O Devī of inviolable valour!

5. 'You are the power of Viṣṇu, and have endless valour. You are the primaeval māyā, which is the source of the universe; by you all this (universe) has been thrown into an illusion, O Devī. If you become gracious, you become the cause of final emancipation in this world.

विद्याः समस्तास्तव देवि भेदाः
स्त्रियः समस्ताः सकला जगत्सु ।
त्वयैकया पूरितमम्बयैतत्
का ते स्तुतिः स्तव्यपरापरोक्तिः ॥ ६ ॥

सर्वभूता यदा देवी भुक्तिमुक्तिप्रदायिनी ।
त्वं स्तुता स्तुतये का वा भवन्तु परमोक्तयः ॥ ७ ॥

सर्वस्य बुद्धिरूपेण जनस्य हृदि संस्थिते ।
स्वर्गापवर्गदे देवि नारायणि नमोऽस्तु ते ॥ ८ ॥

---

6. 'All lores are your aspects O Devī ; so are all women in the world, endowed with various attributes. By you alone, the Mother, this world is filled. What praise can there be for you who are of the nature of primary and secondary expression regarding (objects) worthy of praise ?

7. 'When you have beer lauded as the embodiment of all beings, the Devī (the effulgent one), and bestower of the enjoyment and liberation, what words, however excellent, can praise you ?

8. 'Salutation be to you, O Devī Nārāyaṇī, O you who abide as intelligence in the hearts of all creatures, and bestow enjoyment and liberation.

कलाकाष्ठादिरूपेण परिणामप्रदायिनि ।
विश्वस्योपरतौ शक्ते नारायणि नमोऽस्तु ते ॥ ९ ॥

सर्वमङ्गलमाङ्गल्ये शिवे सर्वार्थसाधिके ।
शरण्ये त्र्यम्बके गौरि नारायणि नमोऽस्तु ते ॥ १० ॥

सृष्टिस्थितिविनाशानां शक्तिभूते सनातनि ।
गुणाश्रये गुणमये नारायणि नमोऽस्तु ते ॥ ११ ॥

शरणागतदीनार्तपरित्राणपरायणे ।
सर्वस्यार्तिहरे देवि नारायणि नमोऽस्तु ते ॥ १२ ॥

---

9. 'Salutation be to you, O Nārāyaṇī, O you who, in the form of minutes, moments and other divisions of time, bring about change in things, and have (thus) the power to destroy the universe.

10. 'Salutation be to you O Nārāyaṇī, O you who are the good of all good, O auspicious Devī, who accomplish every object, the giver of refuge, O three-eyed Gaurī!

11. 'Salutation be to you, O Nārāyaṇī, you who have the power of creation, sustentation and destruction and are eternal. You are the substratum and embodiment of the three gunas.

12. 'Salutation be to you, O Nārāyaṇī, O you who are intent on saving the dejected and distressed that take refuge under you. O you, Devī, who remove the sufferings of all!

हंसयुक्तविमानस्थे ब्रह्माणीरूपधारिणि ।
कौशाम्भःक्षरिके देवि नारायणि नमोऽस्तु ते ॥ १३ ॥

त्रिशूलचन्द्राहिधरे महावृषभवाहिनि ।
माहेश्वरीस्वरूपेण नारायणि नमोऽस्तु ते ॥ १४ ॥

मयूरकुक्कुटवृते महाशक्तिधरेऽनघे ।
कौमारीरूपसंस्थाने नारायणि नमोऽस्तु ते ॥ १५ ॥

---

13. 'Salutation be to you, O Nārāyaṇī, O you who ride in the heavenly chariot yoked with swans[2] and assume the form of Brahmāṇī, O Devī, who sprinkle water with Kus'a grass.

14. 'Salutation be to you, O Nārāyaṇī, O you who bear the trident, the moon and the serpent, and ride a big bull, and have the form of Māhes'varī.[3]

15. 'Salutation be to you, O Nārāyaṇī, O you who are attended by peacock and cock, and bear a great spear. O you, who are sinless and take the form of Kāumarī.[4]

---

2. Swan is the vehicle of Brahmā. The verse salutes the Devī in the form of Sarasvatī (Brahmāṇī) here.

3. She is saluted here as the consort of Mahes'vara.

4. S'akti of Kumāra.

शङ्खचक्रगदाशार्ङ्गगृहीतपरमायुधे ।
प्रसीद वैष्णवीरूपे नारायणि नमोऽस्तु ते ॥ १६ ॥

गृहीतोग्रमहाचक्रे दंष्ट्रोद्धृतवसुन्धरे ।
वराहरूपिणि शिवे नारायणि नमोऽस्तु ते ॥ १७ ॥

नृसिंहरूपेणोग्रेण हन्तुं दैत्यान् कृतोद्यमे ।
त्रैलोक्यत्राणसहिते नारायणि नमोऽस्तु ते ॥ १८ ॥

---

16. 'Salutation be to you, O Nārāyanī, O you who hold the great weapons of conch, discus, club and bow, and take the form of Vais'ṇavī,[5] be gracious.

17. 'Salutation be to you, O Nārāyaṇī, O you who grasp a huge formidable discus, and uplift the earth with thy tusk, O auspicious Devī, who has a boar-like form.[6]

18. 'Salutation be to you, O Nārāya i, O you who, in the fierce form of a man-lion,[7] put forth your efforts to slay the daityas, O you who possess the benevolence of saving the three worlds.

5. Saluted here as consort of Viṣṇu.

6. The S'akti of Viṣṇu in His boar incarnation.

7. S'akti of Viṣṇu in His fourth incarnation as a man-lion.

किरीटिनि महावज्रे सहस्रनयनोज्ज्वले ।
वृत्रप्राणहरे चैन्द्रि नारायणि नमोऽस्तु ते ॥ १९ ॥

शिवदूतीस्वरूपेण हतदैत्यमहाबले ।
घोररूपे महारावे नारायणि नमोऽस्तु ते ॥ २० ॥

दंष्ट्राकरालवदने शिरोमालाविभूषणे ।
चामुण्डे मुण्डमथने नारायणि नमोऽस्तु ते ॥ २१ ॥

लक्ष्मि लज्जे महाविद्ये श्रद्धे पुष्टि स्वधे ध्रुवे ।
महारात्रि महामाये नारायणि नमोऽस्तु ते ॥ २२ ॥

---

19. Salutation be to you, O Nārāyaṇī, you who have a diadem and a great thunderbolt, are dazzling with a thousand eyes, and took away the life of Vṛtra, O Aindrī![8]

20. 'Salutation be to you, O Nārāyaṇī, O you who in the form of S'ivadūtī slew the mighty hosts of the daityas, O you of terrible form and loud throat!

21. 'Salutation be to you, O Nārāyaṇī, O you who have a face terrible with tusks, and are adorned with a garland of heads, Cāmuṇḍā, O slayer of Muṇḍa!

22. 'Salutation be to you, O Narāyaṇī, O you who are good fortune, modesty, great wisdom, faith,

---

8. Consort of Indra, the slayer of a demon by name Vṛtra.

मेधे सरस्वति वरे भूति बाभ्रवि तामसि ।
नियते त्वं प्रसीदेशे नारायणि नमोऽस्तु ते ॥ २३ ॥

सर्वस्वरूपे सर्वेशे सर्वशक्तिसमन्विते ।
भयेभ्यस्त्राहि नो देवि दुर्गे देवि नमोऽस्तु ते ॥ २४ ॥

एतत्ते वदनं सौम्यं लोचनत्रयभूषितम् ।
पातु नः सर्वभूतेभ्यः कात्यायनि नमोऽस्तु ते ॥ २५ ॥

ज्वालाकरालमत्युग्रमशेषासुरसूदनम् ।
त्रिशूलं पातु नो भीतेर्भद्रकालि नमोऽस्तु ते ॥ २६ ॥

---

nourishment and Svadhā. O you who are immovable O you, great Night and great Illusion.

23. 'Salutation be to you, O Nārāyanī, O you who are intelligence and Sarasvatī, O best one, prosperity, consort of Viṣṇu, Dark one, nature, be propitious.

24. 'O Queen of all, you who exist in the form of all, and possess every might, save us from error, O Devī. Salutation be to you, Devī Durgā!

25. 'May this benign countenance of yours adorned with three eyes, protect us from all fears. Salutation be to you, O Kātyāyanī!

26. 'Terrible with flames, exceedingly sharp, destroyer of all the asuras, may your trident guard us from fear. Salutation be to you, O Bhadrakālī!

हिनस्ति दैत्यतेजांसि स्वनेनापूर्य या जगत् ।
सा घण्टा पातु नो देवि पापेभ्यो नः सुतानिव ॥२७॥

असुरासृग्वसापङ्कचर्चितस्ते करोज्ज्वलः ।
शुभाय खड्गो भवतु चण्डिके त्वां नता वयम् ॥ २८ ॥

रोगानशेषानपहंसि तुष्टा
रुष्टा तु कामान् सकलानभीष्टान् ।
त्वामाश्रितानां न विपन्नराणां
त्वामाश्रिता ह्याश्रयतां प्रयान्ति ॥ २९ ॥

---

27. 'May your bell that fills the world with its ringing, and destroys the prowess of the daityas, guard us, O Devī, as a mother protects her children, from all evils.

28. 'May your sword, smeared with the mire-like blood and fat of asuras, and gleaming with rays, be for our welfare, O Caṇḍikā, we bow to you.

29. 'When satisfied, you destroy all illness; but when wrathful you (frustrate) all the longed-for desires. No calamity befalls men who have sought you. Those who have sought you become verily a refuge of others.

एतत्कृतं यत्कदनं त्वयाद्य
धर्मद्विषां देवि महासुराणाम् ।
रूपैरनेकैर्बहुधात्ममूर्तिं
कृत्वाम्बिके तत्प्रकरोति कान्या ॥ ३० ॥

विद्यासु शास्त्रेषु विवेकदीपे-
ष्वाद्येषु वाक्येषु च का त्वदन्या ।
ममत्वगर्तेऽतिमहान्धकारे
विभ्रामयत्येतदतीव विश्वम् ॥ ३१ ॥

रक्षांसि यत्रोग्रविषाश्च नागा
यत्रारयो दस्युबलानि यत्र ।
दावानलो यत्र तथाब्धिमध्ये
तत्र स्थिता त्वं परिपासि विश्वम् ॥ ३२ ॥

---

30. 'This slaughter that you, O Devī, multiplying your own form into many, have now wrought on the great asuras who hate righteousness, O Ambikā, which other (goddess) can do that work?

31. 'Who is there except you in the sciences, in the scriptures, and in the Vedic sayings that light the lamp of discrimination? (Still) you cause this universe to whirl about again and again within the dense darkness of the depths of attachment.

32. 'Where rakṣasas and snakes of virulent poison (are), where foes and hosts of robbers (exist), where

विश्वेश्वरि त्वं परिपासि विश्वं
विश्वात्मिका धारयसीति विश्वम् ।
विश्वेशवन्द्या भवती भवन्ति
विश्वाश्रया ये त्वयि भक्तिनम्राः ॥ ३३ ॥

देवि प्रसीद परिपालय नोऽरि-
भीतेर्नित्यं यथासुरवधादधुनैव सद्यः ।
पापानि सर्वजगतां प्रशमं नयाशु
उत्पातपाकजनितांश्च महोपसर्गान् ॥ ३४ ॥

---

forest conflagrations (occur), there and in the mid-sea, you stand and save the world.

38. 'O Queen of the universe, you protect the universe. As the self of the universe, you support the universe. You are the (goddess) worthy to be adored by the Lord of the universe. Those who bow in devotion to you themselves become the refuge of the universe.

34. 'O Devī, be pleased and protect us always from fear of foes, as you have done just now by the slaughter of asuras. And destroy quickly the sins of all worlds and the great calamities which have sprung from the maturing of evil portents.

प्रणतानां प्रसीद त्वं देवि विश्वार्तिहारिणि ।
त्रैलोक्यवासिनामीड्ये लोकानां वरदा भव ॥ ३५ ॥

देव्युवाच ॥ ३६ ॥

वरदाहं सुरगणा वरं यन्मनसेच्छथ ।
तं वृणुध्वं प्रयच्छामि जगतामुपकारकम् ॥ ३७ ॥

देवा ऊचुः ॥ ३८ ॥

सर्वाबाधाप्रशमनं त्रैलोक्यस्याखिलेश्वरि ।
एवमेव त्वया कार्यमस्मद्वैरिविनाशनम् ॥ ३९ ॥

---

35. 'O Devī you who remove the afflictions of the universe, be gracious to us who have bowed to you. O you worthy of adortion by the dwellers of the three worlds, be boon-giver to the worlds.'

36-37. The Devī said: 'O Devas, I am prepared to bestow a boon. Choose whatever boon you desire in your mind, for the welfare of the world. I shall grant it.'

38-39. The devas said: 'O Queen of all, in this same manner, you must destroy all our enemies and all the afflictions of the three worlds.

देव्युवाच ॥ ४० ॥

वैवस्वतेऽन्तरे प्राप्ते अष्टाविंशतिमे युगे ।
शुम्भो निशुम्भश्चैवान्यावुत्पत्स्येते महासुरौ ॥ ४१ ॥

नन्दगोपगृहे जाता यशोदागर्भसम्भवा ।
ततस्तौ नाशयिष्यामि विन्ध्याचलनिवासिनी ॥ ४२ ॥

पुनरप्यतिरौद्रेण रूपेण पृथिवीतले ।
अवतीर्य हनिष्यामि वैप्रचित्तांस्तु दानवान् ॥ ४३ ॥

भक्षयन्त्याश्च तानुग्रान् वैप्रचित्तान् महासुरान् ।
रक्ता दन्ता भविष्यन्ति दाडिमीकुसुमोपमाः ॥ ४४ ॥

40-41. The Devī said: 'When the twenty-eighth age has arrived during the period of Vaivasvata Manu, two other great asuras, S'umbha and Nis'umbha will be born.

42. 'Then born from the womb of Yas'oda, in the home of cowherd Nanda, and dwelling on the Vindhya mountains, I will destroy them both.

43. 'And again having incarnated in a very terrible form on the earth, I shall slay the dānavas, who are the descendants of Vipracitti.

44. 'When I shall devour the fierce and great asuras descended from Vipracitti, my teeth shall become red like the flower of pomegranate.

ततो मां देवताः स्वर्गे मर्त्यलोके च मानवाः ।
स्तुवन्तो व्याहरिष्यन्ति सततं रक्तदन्तिकाम् ॥ ४५ ॥

भूयश्च शतवार्षिक्यामनावृष्ट्यामनम्भसि ।
मुनिभिः संस्तुता भूमौ सम्भविष्याम्ययोनिजा ॥ ४६ ॥

ततः शतेन नेत्राणां निरीक्षिष्यामि यन्मुनीन् ।
कीर्तयिष्यन्ति मनुजाः शताक्षीमिति मां ततः ॥ ४७ ॥

ततोऽहमखिलं लोकमात्मदेहसमुद्भवैः ।
भरिष्यामि सुराः शाकैरावृष्टेः प्राणधारकैः ॥ ४८ ॥

---

45. 'Therefore when devas in heaven and men on the earth praise me, shall always talk of me as the 'Red-toothed.'

46. 'And again when rain shall fail for a period of hundred years, propitiated by the munis I shall be born on the drought-ridden earth, but not womb-begotten.

47. 'Then I shall behold the munis with a hundred eyes and so mankind shall glorify me as the 'hundred-eyed'.

48. 'At that time, O devas, I shall maintain the whole world with life-sustaining vegetables, born out of my own (cosmic) body, till rains set in.

शाकम्भरीति विख्यातिं तदा यास्याम्यहं भुवि ।
तत्रैव च वधिष्यामि दुर्गमाख्यं महासुरम् ॥ ४९ ॥

दुर्गादेवीति विख्यातं तन्मे नाम भविष्यति ।
पुनश्चाहं यदा भीमं रूपं कृत्वा हिमाचले ॥ ५० ॥

रक्षांसि क्षययिष्यामि मुनीनां त्राणकारणात् ।
तदा मां मुनयः सर्वे स्तोष्यन्त्यानम्रमूर्तयः ॥ ५१ ॥

भीमादेवीति विख्यातं तन्मे नाम भविष्यति ।
यदारुणाख्यस्त्रैलोक्ये महाबाधां करिष्यति ॥ ५२ ॥

तदाऽहं भ्रामरं रूपं कृत्वासङ्ख्येयषट्पदम् ।
त्रैलोक्यस्य हितार्थाय वधिष्यामि महासुरम् ॥ ५३ ॥

---

49. 'I shall be famed on the earth then as S'ākambharī. At that very period I shall slay the great asura named Durgama.

50-53. 'Thereby I shall have the celebrated name of Durgādevī. And again, assuming a terrible form on the mountain Himālaya, I shall destroy the rākṣasas for the protection of the munis. Then all the munis, bowing their bodies reverently, shall praise me, and thereby I shall have the celebrated name of Bhīmādevī. When the (asura) named Aruṇa shall work great havoc in the three worlds, having taken a (collective) bee-form, consisting of innumerable bees, I shall slay the great asura for the good of the world.

भ्रामरीति च मां लोकास्तदा स्तोष्यन्ति सर्वतः ।
इत्थं यदा यदा बाधा दानवोत्था भविष्यति ॥ ५४ ॥

तदा तदाऽवतीर्याहं करिष्याम्यरिसंक्षयम् ॥ ५५ ॥

इति श्रीमार्कण्डेयपुराणे सावर्णिके मन्वन्तरे देवीमाहात्म्ये
नारायणीस्तुतिर्नाम एकादशोऽध्यायः ॥ ११ ॥

54-55. 'And then people shall laud me everywhere as Bhrāmarī. Thus whenever trouble arises due to the advent of the dānavas, I shall incarnate and destroy the foes.'

Here ends the eleventh chapter called 'Hymn
to Nārāyaṇī' of Devī-māhātmya in
Mārkaṇḍeyapurāṇa, during the
period of Sāvarṇi, the Manu.

—∞✻∞—

अथ द्वादशोऽध्यायः ॥

देव्युवाच ॥ १ ॥

एभिः स्तवैश्च मां नित्यं स्तोष्यते यः समाहितः ।
तस्याहं सकलां बाधां नाशयिष्याम्यसंशयम् ॥ २ ॥

मधुकैटभनाशं च महिषासुरघातनम् ।
कीर्तयिष्यन्ति ये तद्वद्वधं शुम्भनिशुम्भयोः ॥ ३ ॥

अष्टम्यां च चतुर्दश्यां नवम्यां चैकचेतसः ।
श्रोष्यन्ति चैव ये भक्त्या मम माहात्म्यमुत्तमम् ॥ ४ ॥

1-2. The Devī said: 'And whoever with a concentrated mind shall pray to me constantly with these hymns, I shall without doubt put down every trouble of his.

3. 'And those who shall laud (the story of) the destruction of Madhu and Kaiṭabha, the slaughter of Mahiṣāsura and the slaying of S'umbha and Nis'umbha likewise

4-5. 'And those also who shall listen with devotion to this sublime poem on my greatness on the eighth, the fourteenth and on the ninth days of the fortnight

न तेषां दुष्कृतं किञ्चिद्दुष्कृतोत्था न चापदः ।
भविष्यति न दारिद्र्यं न चैवेष्टवियोजनम् ॥ ५ ॥

शत्रुतो न भयं तस्य दस्युतो वा न राजतः ।
न शस्त्रानलतोयौघात् कदाचित् सम्भविष्यति ॥ ६ ॥

तस्मान्ममैतन्माहात्म्यं पठितव्यं समाहितैः ।
श्रोतव्यं च सदा भक्त्या परं स्वस्त्ययनं हि तत् ॥ ७ ॥

उपसर्गानशेषांस्तु महामारीसमुद्भवान् ।
तथा त्रिविधमुत्पातं माहात्म्यं शमयेन्मम ॥ ८ ॥

---

with concentrated mind, to them nothing wrong shall happen, nor calamities that arise from wrong doings, nor poverty and never separation from beloved ones.

6. 'He shall not experience fear from enemies, or from robbers and kings, or from weapon, fire and flood.

7. 'Hence this poem of my greatness must be chanted by men of concentrated minds and listened to always with devotion; for it is the supreme course of well-being.

8. 'May this poem of my glories quell all epidemic calamities, as also the threefold natural calamities.

यत्रैतत्पठ्यते सम्यङ्नित्यमायतने मम ।
सदा न तद्विमोक्ष्यामि सान्निध्यं तत्र मे स्थितम् ॥९॥

बलिप्रदाने पूजायामग्निकार्ये महोत्सवे ।
सर्वं ममैतच्चरितमुच्चार्यं श्राव्यमेव च ॥ १० ॥

जानताजानता वापि बलिपूजां तथा कृताम् ।
प्रतीच्छिष्याम्यहं प्रीत्या वह्निहोमं तथाकृतम् ॥ ११ ॥

शरत्काले महापूजा क्रियते या च वार्षिकी ।
तस्यां ममैतन्माहात्म्यं श्रुत्वा भक्तिसमन्वितः ॥ १२ ॥

---

9. 'The place of my sanctuary where this poem is duly chanted everyday, I will never forsake and there my presence is certain.

10. 'When sacrifice is offered, during worship, in the fire-ceremony, and at a great festival, all this poem on my acts must be chanted and heard.

11. 'I will accept with love the sacrifice and worship that are made and the fire-offering that is offered likewise, whether they are done with due knowledge (of sacrifice) or not.

12-13. 'During autumnal season, when the great annual worship is performed, the man hearing this glorification of mine with devotion shall certainly

सर्वाबाधाविनिर्मुक्तो धनधान्यसुतान्वितः ।
मनुष्यो मत्प्रसादेन भविष्यति न संशयः ॥ १३ ॥

श्रुत्वा ममैतन्माहात्म्यं तथा चोत्पत्तयः शुभाः ।
पराक्रमं च युद्धेषु जायते निर्भयः पुमान् ॥ १४ ॥

रिपवः संक्षयं यान्ति कल्याणं चोपपद्यते ।
नन्दते च कुलं पुंसां माहात्म्यं मम शृण्वताम् ॥ १५ ॥

शान्तिकर्मणि सर्वत्र तथा दुःस्वप्नदर्शने ।
ग्रहपीडासु चोग्रासु माहात्म्यं शृणुयान्मम ॥ १६ ॥

---

through my grace, be delivered without doubt from all troubles and be blessed with riches, grains and children.

14. 'Hearing this glorification and auspicious appearances of mine, and my feats of prowess in battles, a man becomes fearless.

15. 'Enemies perish, welfare accrues and the family rejoices for those who listen to this glorification of mine.

16. 'Let one listen to this glorification of mine everywhere, at a propitiatory ceremony, on seeing a bad dream, and when there is the great evil influence of planets.

उपसर्गाः शमं यान्ति ग्रहपीडाश्च दारुणाः ।
दुःस्वप्नं च नृभिर्दृष्टं सुस्वप्नमुपजायते ॥ १७ ॥

बालग्रहाभिभूतानां बालानां शान्तिकारकम् ।
सङ्घातभेदे च नृणां मैत्रीकरणमुत्तमम् ॥ १८ ॥

दुर्वृत्तानामशेषाणां बलहानिकरं परम् ।
रक्षोभूतपिशाचानां पठनादेव नाशनम् ॥ १९ ॥

सर्वं ममैतन्माहात्म्यं मम सन्निधिकारकम् ।
पशुपुष्पार्घ्यधूपैश्च गन्धदीपैस्तथोत्तमैः ॥ २० ॥

---

17. '(By that means) evil protents subside, as also the unfavourable influence of planets, and the bad dream seen by men turns into a good dream.

18. 'It creates peacefulness in children possessed by the seizes of children (*i.e.*, evil spirits), and it is the best promoter of friendship among men when split occurs in their union.

19. 'It diminishes most effectively the power of all men of evil ways. Verily demons, goblins, and ogres are destroyed by its mere chanting.

20-30. 'This entire glorification of mine draws (a devotee) very near to me. And by means of finest cattle, flowers, arghya and incenses, and by perfumes and lamps, by feeding Brāhmaṇas, by oblations,

विप्राणां भोजनैर्होमैः प्रोक्षणीयैरहर्निशम् ।
अन्यैश्च विविधैर्भोगैः प्रदानैर्वत्सरेण या ॥ २१ ॥

प्रीतिर्मे क्रियते सास्मिन्सकृत्सुचरिते श्रुते ।
श्रुतं हरति पापानि तथारोग्यं प्रयच्छति ॥ २२ ॥

रक्षां करोति भूतेभ्यो जन्मनां कीर्तनं मम ।
युद्धेषु चरितं यन्मे दुष्टदैत्यनिबर्हणम् ॥ २३ ॥

तस्मिञ्छ्रुते वैरिकृतं भयं पुंसां न जायते ।
युष्माभिः स्तुतयो याश्च याश्च ब्रह्मर्षिभिः कृताः ॥ २४ ॥

ब्रह्मणा च कृतास्तास्तु प्रयच्छन्ति शुभां मतिम् ।
अरण्ये प्रान्तरे वापि दावाग्निपरिवारितः ॥ २५ ॥

---

by sprinkling (consecrated) water, and by various other offerings and gifts (if one worships) day and night in a year—the gratification, which is done to me, is attained by listening but once to this holy story of mine. The chanting and hearing of the story of my manifestations remove sins, and grant perfect health and protect one from evil spirits; and when my martial exploit in the form of the slaughter of the wicked daityas is listened to, men will have no fear from enemies. And the hymns uttered by you, and those by the divine sages, and those by Brahmā bestow a pious mind. He who is (lost) on a lonesome spot in a forest, or is surrounded by forest fire, or who

दस्युभिर्वा वृतः शून्ये गृहीतो वापि शत्रुभिः ।
सिंहव्याघ्रानुयातो वा वने वा वनहस्तिभिः ॥ २६ ॥

राज्ञा क्रुद्धेन चाज्ञप्तो वध्यो बन्धगतोऽपि वा ।
आघूर्णितो वा वातेन स्थितः पोते महार्णवे ॥ २७ ॥

पतत्सु चापि शस्त्रेषु सङ्ग्रामे भृशदारुणे ।
सर्वाबाधासु घोरासु वेदनाभ्यर्दितोऽपि वा ॥ २८ ॥

स्मरन् ममैतच्चरितं नरो मुच्येत सङ्कटात् ।
मम प्रभावात्सिंहाद्या दस्यवो वैरिणस्तथा ॥ २९ ॥

दूरादेव पलायन्ते स्मरतश्चरितं मम ॥ ३० ॥

---

is surrounded by robbers in a desolate spot, or who is captured by enemies, or who is pursued by a lion, or tiger, or by wild elephants in a forest, or who, under the orders of a wrathful king, is sentenced to death, or has been imprisoned, or who is tossed about in his boat by a tempest in the vast sea, or who is in the most terrible battle under shower of weapons, or who is amidst all kinds of dreadful troubles, or who is afflicted with pain—such a man on remembering this story of mine is saved from his strait. Through my power, lions etc., robbers and enemies, flee from a distance from him who remembers this story of mine.'

ऋषिरुवाच ॥ ३१ ॥

इत्युक्त्वा सा भगवती चण्डिका चण्डविक्रमा ।
पश्यतामेव देवानां तत्रैवान्तरधीयत ॥ ३२ ॥

तेऽपि देवा निरातङ्काः स्वाधिकारान्यथा पुरा ।
यज्ञभागभुजः सर्वे चक्रुर्विनिहतारयः ॥ ३३ ॥

दैत्याश्च देव्या निहते शुम्भे देवरिपौ युधि ।
जगद्विध्वंसिनि तस्मिन् महोग्रेऽतुलविक्रमे ॥ ३४ ॥

निशुम्भे च महावीर्ये शेषाः पातालमाययुः ॥ ३५ ॥

31-32. The Ṛṣi said: Having spoken thus the adorable Caṇḍikā, fierce in prowess, vanished on that very spot even as the devas were gazing on.

33. Their foes having been killed, all the devas also were delivered from fear; all of them resumed their own duties as before and participated in their shares of sacrifices.

34-35. When the exceedingly valourous S'umbha and Nis'umbha, the most fierce foes of devas, who brought ruin on the world, and who were unparalleled in prowess had been slain by the Devī in battle, the remaining daityas went away to Pātāla.

एवं भगवती देवी सा नित्यापि पुनः पुनः ।
सम्भूय कुरुते भूप जगतः परिपालनम् ॥ ३६ ॥

तयैतन्मोह्यते विश्वं सैव विश्वं प्रसूयते ।
सा याचिता च विज्ञानं तुष्टा ऋद्धिं प्रयच्छति ॥ ३७ ॥

व्याप्तं तयैतत्सकलं ब्रह्माण्डं मनुजेश्वर ।
महाकाल्या महाकाले महामारीस्वरूपया ॥ ३८ ॥

सैव काले महामारी सैव सृष्टिर्भवत्यजा ।
स्थितिं करोति भूतानां सैव काले सनातनी ॥ ३९ ॥

---

36. Thus O King, the adorable Devī, although eternal, incarnating again and again, protects the world.

37. By her this universe is deluded, and it is she who creates this universe. And when entreated, she bestows supreme knowledge, and when propitiated, she bestows prosperity.

38. By her, the Mahākālī, who takes the form of the great destroyer at the end of time, all this cosmic sphere is pervaded.

39. She indeed takes the form of the great destroyer at the (proper) time. She, the unborn, indeed becomes this creation (at the time proper for re-creation), She herself, the eternal Being, sustains the beings at (another) time.

भवकाले नृणां सैव लक्ष्मीर्वृद्धिप्रदा गृहे ।
सैवाभावे तथालक्ष्मीर्विनाशायोपजायते ॥ ४० ॥

स्तुता सम्पूजिता पुष्पैर्धूपगन्धादिभिस्तथा ।
ददाति वित्तं पुत्रांश्च मतिं धर्मे गतिं शुभाम् ॥ ४१ ॥

इति श्रीमार्कण्डेयपुराणे सावर्णिके मन्वन्तरे देवीमाहात्म्ये
फलस्तुतिर्नाम द्वादशोऽध्यायः ॥ १२ ॥

---

40. In times of prosperity, she indeed is Lakṣmī, who bestows prosperity in the homes of men; and in times of misfortune, she herself becomes the goddess of misfortune, and brings about ruin.

41. When praised and worshipped with flowers, incense, perfumes, etc., she bestows wealth and sons, and a mind bent on righteousness and prosperous life.

Here ends the twelfth chapter called 'Eulogy of the Merits' of Devī-māhātmya in the Mārkaṇḍeya-purāṇa, during the period of Sāvarṇi, the Manu

अथ त्रयोदशोऽध्यायः ॥

ऋषिरुवाच ॥ १ ॥

एतत्ते कथितं भूप देवीमाहात्म्यमुत्तमम् ॥ २ ॥

एवम्प्रभावा सा देवी ययेदं धार्यते जगत् ।
विद्या तथैव क्रियते भगवद्विष्णुमायया ॥ ३ ॥

तया त्वमेष वैश्यश्च तथैवान्ये विवेकिनः ।
मोह्यन्ते मोहिताश्चैव मोहमेष्यन्ति चापरे ॥ ४ ॥

1-2. The Ṛsi said: I have now narrated to you, O King, this sublime poem on the glory of the Devī.

3. The Devī is endowed with such majestic power. By her this world is upheld. Knowledge is similarly conferred by her, the illusive power of Bhagavān Viṣṇu.

4. By her, you, this merchant and other men of discrimination, are being deluded; and others were deluded (in the past), and will be deluded (in the future).

तामुपैहि महाराज शरणं परमेश्वरीम् ।
आराधिता सैव नृणां भोगस्वर्गापवर्गदा ॥ ५ ॥

मार्कण्डेय उवाच ॥ ६ ॥

इति तस्य वचः श्रुत्वा सुरथः स नराधिपः ।
प्रणिपत्य महाभागं तमृषिं संशितव्रतम् ॥ ७ ॥

निर्विण्णोऽतिममत्वेन राज्यापहरणेन च ।
जगाम सद्यस्तपसे स च वैश्यो महामुने ॥ ८ ॥

सन्दर्शनार्थमम्बाया नदीपुलिनसंस्थितः ।
स च वैश्यस्तपस्तेपे देवीसूक्तं परं जपन् ॥ ९ ॥

---

5. O great King, take refuge in her, the supreme Īśvarī. She indeed when worshipped bestows on men enjoyment, heaven and final release (from transmigration).

6-8. Mārkaṇḍeya said (to his disciple Bhāguri): O great sage, King Suratha who had become despondent consequent on his excessive attachment and the deprivation of his kingdom, and the merchant, having heard this speech prostrated before the illustrious Ṛṣi of severe penances and immediately repaired to perform austerities.

9. Both king and the merchant, in order to obtain a vision of Ambā, stationed themselves on the sand-bank of a river and practised penances, chanting the supreme Devī-sūkta (hymn to the Devī).

तौ तस्मिन् पुलिने देव्याः कृत्वा मूर्तिं महीमयीम् ।
अर्हणां चक्रतुस्तस्याः पुष्पधूपाग्नितर्पणैः ॥ १० ॥

निराहारौ यताहारौ तन्मनस्कौ समाहितौ ।
ददतुस्तौ बलिं चैव निजगात्रासृगुक्षितम् ॥ ११ ॥

एवं समाराधयतोस्त्रिभिर्वर्षैर्यतात्मनोः ।
परितुष्टा जगद्धात्री प्रत्यक्षं प्राह चण्डिका ॥ १२ ॥

देव्युवाच ॥ १३ ॥

यत्प्रार्थ्यते त्वया भूप त्वया च कुलनन्दन ॥ १४ ॥

मत्तस्तत्प्राप्यतां सर्वं परितुष्टा ददामि तत् ॥ १५ ॥

---

10. Having made an earthen image of the Devī on the sands of the river, they both worshipped her with flowers, incense, fire and libation of water.

11. Now abstaining from food, and now restraining in their food, with their minds on her and with concentration, they both offered sacrifices sprinkled with blood drawn from their own bodies.

12. When they, with controlled minds propitiated her thus for three years, Caṇḍikā, the upholder of the world, was well pleased and spoke to them in visible form.

13-15. The Devī said: What you solicit, O King, and you, the delight of your family, receive all that from me. Well-pleased I bestow those to you both.

मार्कण्डेय उवाच ॥ १६ ॥

ततो वव्रे नृपो राज्यमविभ्रंश्यन्यजन्मनि ।
अत्र चैव निजं राज्यं हतशत्रुबलं बलात् ॥ १७ ॥

सोऽपि वैश्यस्ततो ज्ञानं वव्रे निर्विण्णमानसः ।
ममेत्यहमिति प्राज्ञः सङ्गविच्युतिकारकम् ॥ १८ ॥

देव्युवाच ॥ १९ ॥

स्वल्पैरहोभिर्नृपते स्वराज्यं प्राप्स्यते भवान् ॥ २० ॥

हत्वा रिपूनस्खलितं तव तत्र भविष्यति ॥ २१ ॥

16-17. Mārkaṇḍeya said: Then the King chose a kingdom, imperishable even in another life, and in this life itself, his own kingdom wherein the power of his enemies is destroyed by force.

18. Then the wise merchant also, whose mind was full of dispassion for the world, chose that knowledge which removes the attachment (in the form of) 'mine' and 'I'.

19-21. The Devi said: O King, after slaying your foes in a few days, you shall obtain your own kingdom and it shall last with you there.

मृतश्च भूयः सम्प्राप्य जन्म देवाद्विवस्वतः ॥ २२ ॥
सावर्णिको नाम मनुर्भवान्भुवि भविष्यति ॥ २३ ॥
वैश्यवर्य त्वया यश्च वरोऽस्मत्तोऽभिवाञ्छितः ॥ २४ ॥
तं प्रयच्छामि संसिद्ध्यै तव ज्ञानं भविष्यति ॥ २५ ॥

मार्कण्डेय उवाच ॥ २६ ॥

इति दत्त्वा तयोर्देवी यथाभिलषितं वरम् ।
बभूवान्तर्हिता सद्यो भक्त्या ताभ्यामभिष्टुता ॥ २७ ॥

22-23. 'And, when you are dead, you shall gain another birth from the Deva Vivasvat (Sun), and shall be a Manu on earth by name Sāvarṇi.

24-25. 'And, O the best of merchants, I grant you the boon which you have desired of me. (Supreme) knowledge shall be yours, for your self-realization.'

26-27. Mārkaṇḍeya said: Having thus granted them both the boon that each desired, the Devī disappeared forthwith, as they were extolling her with devotion.

एवं देव्या वरं लब्ध्वा सुरथः क्षत्रियर्षभः ।
सूर्याज्जन्म समासाद्य सावर्णिर्भविता मनुः ॥ २८ ॥
सावर्णिर्भविता मनुः क्लीं ओम् ॥ २९ ॥

इति श्रीमार्कण्डेयपुराणे सावर्णिके मन्वन्तरे देवीमाहात्म्ये सुरथवैश्ययोर्वरप्रदानं नाम त्रयोदशोऽध्यायः ॥ १३ ॥

श्रीसप्तशतीदेवीमाहात्म्यं समाप्तम्

ओं तत् सत् ओम् ॥

28-29. Having thus gained the boon from the Devī, Suratha, the foremost of Kṣatriyas, shall obtain a new birth through Sūrya (and of his wife Savarṇā), and shall be the Manu (eighth) named Sāvarṇi, shall be the Manu named Sāvarṇi.[1]

Here ends the thirteenth chapter called 'The bestowing of boons to Suratha and Vais'ya' of Devī-māhātmya in Mārkaṇḍeyapurāṇa, during the period of Sāvarṇi, the Manu.

Here ends the Devī-Māhātmya of 700 Mantras.

OM TAT SAT OM.

---

1 Repetition because of the end of the book.

अथ अपराधक्षमापणस्तोत्रम् ॥

ॐ अपराधशतं कृत्वा जगदम्बेति चोच्चरेत् ।
यां गतिं समवाप्नोति न तां ब्रह्मादयः सुराः ॥ १ ॥

सापराधोऽस्मि शरणं प्राप्तस्त्वां जगदम्बिके ।
इदानीमनुकम्प्योऽहं यथेच्छसि तथा कुरु ॥ २ ॥

अज्ञानाद्विस्मृतेर्भ्रान्त्या यन्न्यूनमधिकं कृतम् ।
तत्सर्वं क्षम्यतां देवि प्रसीद परमेश्वरि ॥ ३ ॥

कामेश्वरि जगन्मातः सच्चिदानन्दविग्रहे ।
गृहाणार्चामिमां प्रीत्या प्रसीद परमेश्वरि ॥ ४ ॥

सर्वरूपमयी देवी सर्वं देवीमयं जगत् ।
अतोऽहं विश्वरूपां त्वां नमामि परमेश्वरीम् ॥ ५ ॥

यदक्षरं परिभ्रष्टं मात्राहीनञ्च यद्भवेत् ।
पूर्णं भवतु तत् सर्वं त्वत्प्रसादान्महेश्वरि ॥ ६ ॥

यदत्र पाठे जगदम्बिके मया
विसर्गबिन्द्वक्षरहीनमीरितम् ।
तदस्तु सम्पूर्णतमं प्रसादतः
सङ्कल्पसिद्धिश्च सदैव जायताम् ॥ ७ ॥

यन्मात्राबिन्दुबिन्दुद्वितयपदपदद्वन्द्ववर्णादिहीनं
भक्त्याभक्त्यानुपूर्वं प्रसभकृतिवशात् व्यक्तमव्यक्तमम्ब ।
मोहादज्ञानतो वा पठितमपठितं साम्प्रतं ते स्तवेऽस्मिन्
तत् सर्वं साङ्गमास्तां भगवति वरदे त्वत्प्रसादात् प्रसीद ॥८॥

प्रसीद भगवत्यम्ब प्रसीद भक्तवत्सले ।
प्रसादं कुरु मे देवि दुर्गे देवि नमोऽस्तु ते ॥ ९ ॥

इति अपराधक्षमापणस्तोत्रं समाप्तम्
ओं तत् सत् ओम् ॥

अथ देवीसूक्तम् ॥

ॐ अहं रुद्रेभिर्वसुभिश्चराम्यह-
मादित्यैरुत विश्वदेवैः ।
अहं मित्रावरुणोभा बिभर्म्यह-
मिन्द्राग्नी अहमश्विनोभा ॥ १ ॥

अहं सोममाहनसं बिभर्म्यहं
त्वष्टारमुत पूषणं भगम् ।
अहं दधामि द्रविणं हविष्मते
सुप्राव्ये यजमानाय सुन्वते ॥ २ ॥

अहं राष्ट्री सङ्गमनी वसूनां
चिकितुषी प्रथमा यज्ञियानाम् ।
तां मा देवा व्यदधुः पुरुत्रा
भूरिस्थात्रां भूर्यावेशयन्तीम् ॥ ३ ॥

मया सो अन्नमत्ति यो विपश्यति
यः प्राणिति य ईं शृणोत्युक्तम् ।
अमन्तवो मां त उपक्षियन्ति
श्रुधि श्रुत श्रद्धिवं ते वदामि ॥ ४ ॥

अहमेव स्वयमिदं वदामि जुष्टं
देवेभिरुत मानुषेभिः ।
यं कामये तं तमुग्रं कृणोमि
तं ब्रह्माणं तमृषिं तं सुमेधाम् ॥ ५ ॥

अहं रुद्राय धनुरा तनोमि
ब्रह्मद्विषे शरवे हन्तवा उ ।
अहं जनाय समदं कृणोम्यहं
द्यावापृथिवी आ विवेश ॥ ६ ॥

अहं सुवे पितरमस्य मूर्धन्
मम योनिरप्स्वन्तः समुद्रे ।
ततो वि तिष्ठे भुवनानु विश्वो-
तामूं द्यां वर्ष्मणोप स्पृशामि ॥ ७ ॥

अहमेव वात इव प्र वाम्या-
रभमाणा भुवनानि विश्वा ।
परो दिवा पर एना पृथिव्यै-
तावती महिना सं बभूव ॥ ८ ॥

इति ऋग्वेदोक्तं देवीसूक्तं समाप्तम्
ओं तत् सत् ओम् ॥